O DIREITO PENAL LIBERAL EM MONTESQUIEU

SHEILA JORGE SELIM DE SALES

O DIREITO PENAL LIBERAL EM MONTESQUIEU

Del Rey
editora

Belo Horizonte
2017

Impresso no Brasil | Printed in Brazil

EDITORA DEL REY LTDA
www.delreyonline.com.br

Editor: Arnaldo Oliveira

Editor Adjunto: Ricardo A. Malheiros Fiuza

Editora Assistente: Waneska Diniz

Diagramação / Capa: Alfstudio

Revisão: RESPONSABILIDADE DA AUTORA

Editora / MG
Rua dos Goitacases, 71 – Centro
Belo Horizonte-MG – CEP 30190-050
Tel.: (31) 3284-5845 - 3284 3284
editora@delreyonline.com.br

S163d Sales, Sheila Jorge Selim de
O direito penal liberal em Montesquieu. / Sheila Jorge Selim de Sales. Belo Horizonte: Del Rey, 2017.
80 p.
ISBN: 978-85-384-0501-6

1. Montesquieu, 1689-1755. 2. Filosofia do direito. 3. Direito penal. I. Título.

CDU: 343:340.12

"Il faut dans les lois une certaine candeur. Faites pour punir la méchanceté des hommes, elles doivent avoir elles-mêmes, la plus grande innocence."

(MONTESQUIEU, *De l´esprit des lois*,
v. 2, XXIX, 14, p. 294).

À memória de meus pais,
Jamill Selim de Sales e
Mariinha Jorge Selim Sales.

À memória de Jair Leonardo Lopes, professor,
orientador e mestre, pelo seu exemplo e de
seu legado, nos quais procuro inspirar minha
caminhada na Faculdade de Direito da UFMG,
a Vetusta Casa de Affonso Pena...

PREFÁCIO

A ilustre Professora Doutora Sheila Jorge Selim de Sales, docente da Faculdade de Direito da UFMG e do Programa de Pós-Graduação, brinda-nos, no seu apaixonado elã pesquisador, com uma relevante incursão científica no pensamento de Montesquieu, no traço difícil, mas coerente do Direito Penal na sua obra.

Não se trata aqui de dizer o que a Autora escreveu. Leia-o o leitor! Nem se trata de análise de Direito Constitucional ou de Direito Penal, mas de reflexões na orla da Filosofia do Direito ou Filosofia Política, portanto, de considerações em tese, a dispensar inclusive o rigor de formas.

O prefácio de uma obra é honra que se presta a quem dela é merecedor a juízo do autor. No caso, a professora Sheila quis homenagear um docente dedicado à augusta Casa de Afonso Pena.

A autora perfilha a doutrina que checa a Ciência Penal no crivo temático da dignidade da pessoa humana. A ideia de dignidade da pessoa humana surge da matriz ontológica que orienta e nucleariza a cultura ocidental, desde a sua formação no movimento filosófico engajado, em Roma, principalmente a partir do criador do humanismo, Cícero; desenvolve-se pela formulação da doutrina principal da jurística romana, assentando a sua base na divisão de toda a realidade em pessoas e coisas, bem como pela ação imanente à vida cotidiana do cidadão romano, na prática do livre arbítrio nos contratos e da liberdade nas relações sociais.

Essa orientação percorre e se enriquece filosoficamente no pensamento medievo, pela definição de Boécio [*individua substantia naturae racionalis*] incorporada na doutrina cristã definitiva pelo Doutor maior da Igreja, Santo Tomás de Aquino e, finalmente, constitui a base da metafísica de Pe. Henrique Cláudio de Lima Vaz, apontada depois da sua definitiva obra sobre a Ética, a unir a Ética material de Aristóteles com a Ética formal de Kant, por meio da reflexão dialética colhida na noética hegeliana.

Convém esclarecer que esse conceito, dignidade da pessoa humana, é aqui preferido como a fonte dos Direitos Humanos (expressão criticada por Edgar de Godoi da Mata Machado, por serem humanos todos os direitos) o que, porém, não alivia de hibridismo a expressão comentada, pois supõe ela haver outras pessoas que não sejam humanas, como os da Trindade Divina, a misturar ciência ou filosofia e fé.

Dignitas é mérito. O senador romano era *pater* por *dignitas,* isto é, por mérito em razão de sua descendência dos maiores, fundadores de Roma, o fato mais importante na vida de Roma, por dar nascimento à história; ou, ainda, era *pater* por conscripção, isto é, admitido no corpo senatorial.

A *dignitas* da pessoa é mérito, ontologicamente, por pertencer à sua natureza, à sua essência. A pessoa tem mérito próprio, independentemente de ser-lhe atribuído, isto é, por natureza, por se tratar e ser racional, portanto livre, capaz de fazer derivar as suas ações de princípios postos pela razão.

Convém trazer essa concepção ontológica, ainda que precariamente, para o dia-a-dia da pessoa. E, aí, o primeiro problema que surge é defrontar-se com a prática do Direito Penal, ou melhor, da legislação penal.

Que limite impõe o conceito de dignidade da pessoa à tipificação e punição impostos por essa legislação e todo seu aparelho criador e aplicador? Convém restringir mais ainda esse campo de observação. Como esse problema ocorre no Brasil?

A primeira observação que se pode fazer é que o Estado brasileiro se enveredou por um panpenalismo, espécie de totalitarismo a inibir a autonomia da pessoa, tão grave que se vai, de legislação em legislação, encurralando a pessoa a ponto de atordoá-la diante da prática de um ato seu, por não ter a consciência de sua anti-eticidade: é que pode ela acordar já dentro da tipificação de um crime, que, para ela, é aberrante da ética e da dignidade de sua pessoa. Exemplo é a criminalização da posse de uma arma, quando a lei maior lhe garante a defesa de sua integridade física, a qual implica poder possuir e lançar mão dos meios adequados para essa defesa.

Outro exemplo: o pronunciamento de um líder religioso sobre o assunto em que a doutrina de sua religião (e ele tem o dever de ensinar e doutrinar aos fiéis) colide com a última amarra ao direito de pensamento (que implica a sua exteriorização, pois direito que é posto só tem verdadeira existência, realidade, se tem eficácia) que uma sibilina legislação positiva a pretexto de defender direitos tomados como absolutos e de pretensões de minorias.

Que dizer da grave, gravíssima violação dessa dignidade, verdadeira violência branca, ao se exibir cidadão sem culpa formada, por suspeito de crime que nem de longe aparenta violência, algemado como se animal feroz, ameaçador de toda sociedade nas televisões ou na mídia em geral? E da esdruxularia da cegueira deliberada, enlatado importado de sistema estranho?

Mais grave ainda: que dizer das prisões ou até condenação por indícios, das interpretações construtivas, a ponto de pôr em xeque o equilíbrio dos poderes, cláusula pétrea da Constituição, doutrinariamente preconizada por Montesquieu, agora atacada pela falácia do argumento em favor do super poder, um Deus *ex machina* a intervir nos Poderes do Estado, o famigerado Tribunal Constitucional?

É curial que um sistema de direito legislado adotado como princípio de uma ordem jurídico-positiva não pode se compadecer com um sistema de *common law* em que o costume prevalece sobre a lei. Note-se que o sistema *common law* não nasce do arbítrio do julgador, mas do costume que é formalizado pela jurisprudência como regra de direito. Note-se mais que o sistema legislado é o momento mais racional do direito. Esse princípio ínsito no sistema legislado resiste até mesmo a esse sistema, pois não pode ser derrogado sem violação ao Direito que é mais do que a vã filosofia kelseniana pode entender (ressalve-se a sua contribuição para a Teoria do Direito).

Do mesmo modo que a filosofia em certa época se encaminha para a *doxa* desorientada e precisa ser freada com a ordem de voltar a Kant (*Zurück zu Kant* - Windelband), também na democracia deve-se, quando ocorre anarquia, o arbítrio jurídico, emitir o comando: "Voltar a Montesquieu". Se isso não ocorre padece o sagrado poder soberano do povo, assemelhado ao divino, o poder de legislar. E o povo que não detém com exclusividade o poder de legislar não é mais livre; está submetido ao poder de um tirano, como ilustra a história no diálogo com o ateniense: perguntado quem era o tirano em Atenas, respondeu que Atenas não tinha um tirano, pois o povo era livre, governado por lei que eles mesmos criavam. Este é o princípio da liberdade de um povo: ser o destinatário das leis que ele mesmo elabora. Esse princípio, o de liberdade do povo (*libertas civitatis*, segundo Cícero) põe o poder legislativo, no Estado Democrático, como centro de sua soberania, o poder de criar leis. Seu aviltamento pela submissão a outro poder, ainda que *de lege lata*, pela quebra das prerrogativas da representação popular, principalmente, a da prévia autorização do Legislativo para ser o representante do povo processado criminalmente ou para sofrer qualquer restrição no seu mister funcional, é acovardamento do órgão, correspondente à abdicação do poder que lhe foi outorgado e quebra do mandato popular.

Considere-se, ainda, que se trata de um momento singular, um mandato político em que o mandante, o titular desse poder é o povo soberano que outorga ao mandatário o *exercício* do poder soberano nas funções que ele determina. Ora, então, só o mandante pode restringir o *exercício* desse mandato, por mínimo que seja.

O mandante tem sua representação no órgão, Poder Legislativo. O Poder Legislativo não é, então, o titular do poder, o qual permanece com o povo. Apenas tem o seu exercício em nome do povo. Se outro órgão se arroga o poder de legislar, usurpa não só o *exercício* do Legislativo, mas a própria titularidade do poder do povo; então, é tirano.

Soberano é o Estado para garantir a ordem jurídica democrática, como unidade, não os seus órgãos. Decidir na exceção (Schimitt) só um poder moderador que não pode ser um dos poderes constituídos, independentes, mas que está implícito na Constituição, artigo 142 e que no Império era claramente deferido ao Imperador como chefe das forças armadas (artigo 98, da Constituição Imperial), vez que não pode por normas, decidir quem não tem força para fazê-las cumprir (Kant).

Aos órgãos superiores do Estado cabe exercer essa soberania no âmbito de sua competência legislativa, executiva e judiciária. E, quando se trata de direito penal a que as pessoas naturais estão submetidas, é missão constitucional do Supremo Tribunal Federal garanti-la, pondo-se como guardião do núcleo da Constituição: os direitos fundamentais. Não quer isso dizer que se tenha de criar uma corte constitucional acima dos poderes do Estado Democrático, de controle concentrado com competência estendida para as normas de estrutura e procedimento da Constituição.

Todo poder ao Judiciário na garantia do direitos fundamentais, mas nenhum poder acima dos poderes da República, que exigem dispositivo de coordenação, não de subordinação, lembrando-se das aulas do Mestre Orlando de Carvalho: "*Il faut que le pouvoir arrête le pouvoir*" (Montesquieu).

Joaquim Carlos Salgado

Professor Titular de Teoria Geral do Direito e Filosofia do Direito da Faculdade de Direito da UFMG e, atualmente, membro do corpo permanente do Programa de Pós-Graduação na mesma instituição.

NOTA DA AUTORA

A primeira versão deste trabalho foi publicada na Revista Brasileira de Ciências Criminais, sob a denominação "Anotações sobre o direito penal nas *Cartas persas* e no *Espírito das leis*: Montesquieu humanista."[1]

Devido às diversas solicitações que recebi para envio do texto a colegas de todo o Brasil e, também, de alunos, resolvi fazer uma revisão que, com diversos acréscimos e o brilhante prefácio do Professor Doutor Joaquim Carlos Salgado, resultou neste pequeno livro.

A pesquisa consistiu em uma leitura de toda a obra de Montesquieu, destacando em seus livros, todas as passagens em que o grande filósofo escreveu sobre direito penal.

Por esta publicação, muito agradeço a Editora Del Rey e ao editor Arnaldo de Oliveira que, prescindindo das "leis que regem o mercado", e como as grandes editoras europeias, se dedicam à publicação de textos que apresentam interesse - em tese - acadêmico.

Digo em tese porque, ao ler Montesquieu com os atentos olhos de quem estuda direito penal, percebi que sua obra, ainda hoje, é de obrigatória leitura para aqueles que desejam conhecer as raízes filosóficas do direito penal contemporâneo.

---

1 *RBCCrim*, São Paulo: Revista dos tribunais, set./out. 2014, p. v. 110, p. 401-438.

SUMÁRIO

1
CONSIDERAÇÕES INICIAIS

Embora seja inumerável a literatura que destaca as contribuições de Montesquieu à Sociologia, à Ciência Política, à Economia, à História e ao Direito em mais de dois séculos de estudos,[1] raros são os escritos que tratam, especificamente, de suas concepções penais.

---

1 Cf. AA.VV. *La pensée politique e constitutionnelle de Montesquieu;* bicentenaire de l'Esprit de lois. Toulouse: Recueil Sirey, 1952; COTTA, Sergio. *Montesquieu e la scienza della società*. Torino: Giappichelli 1953; ALTHUSSER, Louis. *Montesquieu la politique e l'histoire.* 3ª. Ed., Paris: PUF, 1959 e, mais recentemente, AA.VV. *Leggere l'Esprit des Lois;* società e storia nel pensiero di Montesquieu. A/c D. Felice. Napoli: Liguori, 1998; AA.VV., *Montesquieu e i suoi interpreti*. A/c de D. Felice. Pisa: ETs, 2005; AA.VV., *Politica, economia e diritto nell'Esprit de lois du Montesquieu*. A/c de D. Felice. Bologna: Clueb, 2009 com diversos artigos sobre os mais diversos aspectos da obra de Montesquieu.
Charles de Secondat, Barão de La Brède e de Montesquieu, nasceu em 18 de janeiro de 1689 na cidade de Brède, França, em 16 de janeiro de 1689 e morreu em 20 de fevereiro de 1757, em Paris. Foi conselheiro e, posteriormente, Presidente do Parlamento de Bordeaux. O tio, Presidente do Parlamento de Bordeaux, assegurou-lhe a sucessão de seu cargo. O livro *De l´esprit des lois*, ao qual Montesquieu dedicou vinte anos, foi sua obra mais importante: "Pela primeira vez, todas as legislações, todas as leis, todos os costumes, todas as instituições que regem a vida social, política ou doméstica, foram estudadas, analisadas e reduzidas a alguns princípios essenciais e julgadas com este espírito de moderação, que deve ter o legislador, sem ideias preconcebidas, sem sistema fixado de antemão, com a ajuda de processos rigorosamente científicos" (GRENIEU, Abel. Montesquieu. *In: Cartas Persas*. Trad. De Mário Barreto. Belo Horizonte: Itatiaia, 1960, p. 27).

Na doutrina penal brasileira, não há um estudo sistemático sobre a contribuição do filósofo à nossa matéria.

Se por um lado Montesquieu não destinou sua obra unicamente ao estudo do Direito Penal, como o fez Beccaria, há muito se reconhece que, em seu tempo, Montesquieu foi o primeiro filósofo a assentar as bases para um Direito Penal centrado sobre os pilares da certeza do Direito, da liberdade dos cidadãos e sobre os princípios da necessidade e da humanidade das penas.

Enfim, assentou as bases do direito penal liberal.

Ao tempo de Montesquieu, o que dizer das punições penais? Eram elas puramente dor e sofrimento físico e mental. Verdadeiros suplícios. Uma conjunção de penas cruéis e infamantes, tal como a pena de morte, executada nas mais diversas modalidades. As condenações eram arbitrárias e nenhuma limitação era colocada ao poderio dos monarcas e dos juízes.

Ainda naquele período, desconhecia-se o princípio da legalidade.

Note-se que, ainda hoje, não obstante as diversas teorias sobre as finalidades das sanções penais, não podemos ignorar que, na realidade, a dor, física ou mental, é a essência das punições em geral. O objetivo de qualquer forma de punição é infligir dor e sofrimento; dor física em alguns casos, psicológica em outros, enfim uma combinação de sofrimento físico e mental.[2]

Esta observação nos dá a dimensão da importância, humanista e jurídica, da contribuição de Montesquieu.

Foi ele o primeiro filósofo do século das luzes a se insurgir contra este estado de coisas. Por isso, sua elaboração filosófica sobre temas específicos de Direito Penal apresenta, ainda hoje, interesse para aqueles que se dedicam ao estudo da matéria, uma vez

2 Cf. SCOTT, George Riley. *Storia delle punizioni corporali*. Trad. Silvia Denicolai. Milano: Mondadori, 2006.

que os estados democráticos contemporâneos incorporam diversos princípios penais por ele preconizados.

A liberdade e a dignidade humana são a base essencial de toda a doutrina penal de Montesquieu. A análise por ele feita no *Espírito das leis* sobre o despotismo é uma contínua crítica de suas deformidades, das perversões e atrocidades que delas resultam.[3]

Por isso, sua obra é vinculada, também, aos Direitos Humanos, e tal nexo se concretiza de forma clara ao tratar dos problemas penais. Nesse sentido, afirma Cassin que Montesquieu "foi um dos primeiros a discorrer contra a escravidão, a tortura, por um Direito Penal humano (...) ideias que se encontram na Declaração dos Direitos do Homem".[4]

Montesquieu foi um humanista e sua obra é humanista porque a ideia de dignidade humana permeia todo o seu conteúdo.[5]

Embora seu discurso seja legitimador do Direito Penal, impossível negar que naquele momento histórico foi também inovador, esplendoroso.

O filósofo criticou o Direito Penal vigente à sua época e elaborou grande parte da doutrina que, posteriormente, seria desenvolvida por Beccaria,[6] considerado até os dias atuais como o grande filósofo do Iluminismo Penal.

---

3 Sobre o ponto, com maior profundidade, cf. FELICE, Domenico. Una forma naturale e mostruosa di governo: Il dispotismo nell'Esprit des lois. *In: Leggere l'esprit des lois,* p. 9-102.

4 CASSIN, René. Montesquieu et les droits de l'homme. *In:* AA.VV., *La pensée politique e constitutionnelle de Montesquieu,* p. 188.

5 Sobre o humanismo na obra de Montesquieu, cf. BARRIÉRE, Pierre. L'humanisme de l'esprit des lois. *In:* AA.VV., *La pensée politique e constitutionnelle de Montesquieu,* p. 98-99.

6 Cf. DERATHÉ, Robert. Le droit de punir chez Montesquieu. *In: Atti del convegno Internazionale su Cesare Beccaria.* Torino: Accademia delle Scienze, 1965, p. 85-86.

Beccaria, referido por alguns como discípulo de Montesquieu,[7] o menciona não apenas na introdução de seu livro,[8] mas também no capítulo em que trata do "direito de punir": "(...) toda pena que não derive da absoluta necessidade, diz o grande Montesquieu, é tirânica; proposição que pode tornar-se mais geral assim: todo ato de autoridade do homem ao homem que não derive da absoluta necessidade é tirânico".[9]

A propósito, afima Rampione que o próprio Beccaria admitiu, em uma carta escrita em 1766 ao Abade Morellet, seu tradutor francês, que as fontes de sua formação intelectual podem ser individuadas no pensamento de Rousseu, Montesquieu e dos enciclopedistas.[10]

---

7 Assim, cf. GRAVEN, Jean. Montesquieu et le droit penal. *In: La pensée politique et constitutionnelle de Montesquieu;* Bicentenaire de l'esprit des lois - 1748-1948. Toulouse: Recueil Sirey, 1952, p. 219. Na Itália, cf. a precisa observação de BORGERO, Carlo. L'ordine delle leggi e la natura delle cose nel libro XXVI dell'*esprit des lois. In:* AA.VV., *Politica, economia e diritto nell'**Esprit de lois** du Montesquieu,* p. 192, ao afirmar que "*Montesquieu fu il maestro di Beccaria e si occupò di materia criminalle assai prima che Voltaire facesse le sue battaglie contro i soprusi e gli errori della giustizia penale francesse, sicché la sua influenza sulle discussioni relative alla riforma del diritto penale è innegabile*". Sobre a influência da obra de Montesquieu sobre aquela posterior, de Beccaria, cf. CATTANEO, Mario A. L'humanizzazione del diritto penale tra Montesquieu e Beccaria. *In: Montesquieu e i suoi interpreti.* A/c de Domenico Felice. Pisa: ETS, 2005, p. 131-158.

8 No entanto, Beccaria nos fala não apenas das ideias coincidentes, mas também do contraste de opiniões existente entre suas concepções penais e aquelas de Montesquieu: *L'immortale Presidente di Montesquieu ha rapidamente scorso su di questa materia. L'indivisibile verità mi ha forzato a seguire le tracce luminose di questo grande uomo, ma gli uomini pensatori pe' quali scrivo sapranno distinguere i miei passi dai suoi*" (BECCARIA, Cesare. *Dei delitti e delle pene;* e commento di Voltaire. Roma: Newton Compton, 1994, I, p. 20)

9 *Dei delitti e delle pene,* I, p. 20, in verbis: "Ogni pena che non derivi dall'assoluta necessità, dice il grande Montesquieu, è tirannica."

10 Cf. BECCARIA, Cesare. *Dei delitti e delle pene,* Introduzione di Roberto Rampione, p. 10, in verbis: "È lo stesso Beccaria ad ammettere, con lealtà, che le fonti della sua formazione intellettuale vanno individuate nelle idee

Voltaire vincula a glória de Montesquieu ao *Esprit des lois:*

> "as obras de Grócio e Pufendorf são apenas compilações; a de Montesquieu apareceu como a obra de um homem de Estado, de um filósofo, de um belo espírito, de um cidadão."[11]

Por isto surgiu nosso interesse em reunir as principais ideias de Montesquieu em matéria penal, esparsamente delineadas nas *Lettre persane* e no *Esprit des lois*, sintetizando-as num só texto. Nessas obras encontram-se suas mais notadas reflexões sobre o problema penal.

Não foi uma inquietação de Montesquieu elaborar ou ensinar dogmática e as diversas ciências penais. Ateve-se a indicar as relações que regem a elaboração das leis, tendo em vista suas relações com a constituição de cada governo, os costumes, o clima, a religião, o comércio, etc.[12]

Embora não tenha construído um sistema penal completo, Montesquieu idealizou noções gerais e princípios extraídos das diversas relações que formam o "espírito das leis", de forma tal que

---

di Rousseau, di Montesquieu e degli enciclopedisti. 'Io debbo tutto ai libri francesi', riconosce in una lettera inviata nel 1766 all'abate Morellet, suo traduttore francese e, del resto, è evidente l'influsso della dottrina contrattualistica di Rousseau, così come delle idee (soprattutto, in tema di separazione dei poteri) espresse dal Montesquieu nel **L'esprit des lois**".

11 VOLTAIRE, *Commentario sullo "Spirito delle leggi"*; bifronte. A/c de Domenico Felice. Pisa: ETs, 2011, p. 56, "(...) le opere di Grozio e di Pufendorf sono solo compilazioni; quella di Montesquieu è parsa l'opera di un uomo di Stato, di un filosofo, di um bellospirito, di un cittadino."

12 Sobre essas relações, ainda que não diretamente vinculadas ao direito penal, cf. MONTESQUIEU, *Saggio sulle cause che possono agire sugli spiriti e sui caratteri*. A/c de Domenico Felice. Pisa: Edizioni ETs, 2004. Segundo Domenico Felice, referido escrito "(...) é, sem dúvida, o mais importante entre os escritos deixados inéditos e incompletos pelo filósofo francês" (*Saggio sulle cause che possono agire sugli spiriti e sui caratteri*, Introduzione, p. 9).

as sanções penais não são sedimentadas nos "caprichos do legislador, mas da natureza das coisas".[13]

No início de sua obra *Espírito das leis*, o filósofo enumera uma série de condições que, em sua totalidade, formam o que ele denomina "espírito das leis". Assim, nas leis devem estar refletidos a psique do país, o clima gelado, quente ou temperado,

> "(...) à qualidade da terra, à sua situação, ao seu tamanho, ao estilo de vida do povo, lavradores, caçadores ou pastores; elas devem se relacionar com o grau de liberdade que a constituição pode suportar; à religião dos habitantes, às suas inclinações, às suas riquezas, ao seu nome, ao seu comércio, aos seus costumes, às suas maneiras. Enfim, elas têm relação entre si; também possuem relações com suas origens, com o objetivo do legislador, com a ordem das coisas sobre as quais elas são estabelecidas. É sob todos esses aspectos que elas devem ser consideradas... Eu examinarei todas essas relações: elas formam o espírito das leis".[14]

Em sua procura para estabelecer critérios igualitários e objetivos de proporcionalidade para a previsão das penas em vista da gravidade dos crimes, Montesquieu destaca como um triunfo para a liberdade o momento em que "as leis criminais tiram cada pena da natureza particular do crime".[15]

---

13 MONTESQUIEU, *De l´esprit des lois*, v. 1, XII, 4, p. 198. Sobre o ponto, cf. GRAVEN, Jean. *Montesquieu et le droit penal*, cit., p. 211.

14 MONTESQUIEU, *De l´esprit des lois*, Paris: Garnier fréres, 1949, v. 1, I, 3, p. 10-11, in verbis: "au **psysique** du pays; au climat glacé,brûlant ou tempere; à la qualité du terrain, à sa situation, à sa grandeur, au genre de vie des peuples, laboureuses, chasseurs ou pasteurs; elles doivent se rapporter au degré de liberté que la constitution peut souffrir; à la religion des habitants, à leur inclinations, à leurs richesses, à leur nombre, à leur commerce, à leurs moeurs, à leurs manières. Enfin, elles ont des rapports entre elles; elles ont avec leur origine, avec l´objet du législateur, avec l´ordre des choses sur lesquelles elles sont établies. C´est dans toutes ces vues qu´il faut le considerer...J´examinerai tous ces rapports: ils forment l´esprit de le lois."

15 MONTESQUIEU, De l´esprit des lois, XII, 4, p. 198, in verbis: "C'est le triomphe de la liberté, lorsque les lois criminelles tirent chaque peine de la nature particulière du crime".

Apesar da crítica de Ferrajoli,[16] perfeitamente adequada aos Estados Democráticos da atualidade, àquele tempo tal indicação de Montesquieu, se cotejada e associada às demais concepções em matéria penal contidas em sua obra, foi fundamental para o processo de humanização do Direito Penal.

16 FERRAJOLI, Luigi. *Diritto e ragione*; teoria del garantismo penal. Bari: Laterza, 1990, p. 385, considera tal concepção, sobre a relação entre o delito e a pena, naturalista e primitiva, por conduzir ao princípio do Talião, bem como por obstaculizar o processo de tipificação das penas em relação aos delitos.

2

O DIREITO PENAL NAS *CARTAS PERSAS*

A obra *Cartas persas* (1723) precedeu o *Espírito das leis* (1748) e é considerada a mais importante obra da juventude de Montesquieu.

Nas *Cartas persas*, ele realizou uma sátira da sociedade ocidental de sua época, contestando o absolutismo político e religioso de seu tempo.

Encoberto sob a máscara de um jovem persa, de nome "Usbek",[1] o autor faz poucas, mas apreciáveis referências ao problema penal, ainda que de forma geral. Dentre elas, ressalte-se a menção à proporcionalidade das penas. Montesquieu destaca que a moderação é virtude a ser cultivada no Direito Penal, expondo ideias de política criminal inéditas, avançadas e realmente *progressistas* para a sua época.

2.1 Suicídio

Na carta LXXVI, Usbek escreve ao amigo Ibben, afirmando serem injustas as leis europeias que punem o suicídio. Critica e repudia as leis que previam para o suicídio, dentre outras medi-

1 ABBAGNANO, Nicola. *Storia della filosofia;* la filosofia moderna: dal rinascimento all'iluminismo. Torino: UTET, 2011, v. 2, p. 429.

das, *e. g.*, que o corpo fosse arrastado pelas ruas para vilipêndio e o confisco dos bens.

A esfumatura humanista ao tratar sobre o suicídio, tema tão caro aos filósofos da época, é ínsita na obra de Montesquieu:

> "(...) As leis da Europa são furiosas contra os que se matam a si mesmos: os faz morrer, por assim dizer, uma segunda vez; são arrastados indignamente pelas ruas; declaram-nos infames; confiscam-lhes os bens. Parece-me, Ibben, que estas leis são muito injustas. Quando estou acabrunhado de dor, de miséria, e de afrontas, por que querem me impedir de pôr fim às minhas penas, e privar-me cruelmente de um remédio já em minhas mãos? (...) Eu sou obrigado a respeitar as leis quando vivo sob a lei, mas quando não vivo mais, podem ainda me obrigar? (...) Todas estas ideias, caro Ibben, provêm apenas do nosso orgulho: nós não sentimos a nossa pequenez e qualquer inconveniente que nos aconteça, queremos sobressair no universo, nele representar um papel, e ser muito importante. Imaginamos que a aniquilação de um ser perfeito como nós degradaria toda a natureza, e não admitimos um homem a mais ou a menos no mundo – que digo eu? – todos os homens juntos, cem milhões de terras como a nossa, não são outra coisa que um átomo sutil, isolado, que Deus percebe apenas pela imensidade de seus conhecimentos".[2]

---

2 MONTESQUIEU, *Lettres persanes*. Rotolito Lombarda: Larrousse, 2006, Lettre LXXVI, p. 187-188, in verbis: "Les lois sont furieuses em Europe contre ceux qui se tuent eux-mêmes: on les fait mourir, pour ainsi dire, une seconde fois; ils sont traînés indignement par les rues; on les note d'infamie; on confisque leurs biens. Il me paraît, Ibben, que ces lois sont bien justes. Quand je suis accablé de douleur, de misere, de mépris, pourquoi veut-on m'empêcher de mettre fin à mes peines, et me priver cruellement d'un remede qui est em mes mains? (...) Je suis obligé de suivre la loi, quand je vis sous les lois. Mais, quand je n'y vis plus, peuvent-elles me lier encore? (...) Toutes ces idées, mon cher Ibben, n'ont d'autre source que notre orgueil: nous ne sentons point notre petitesse et, malgré qu'on en ait, nous voulons être comptés dans l'univers, y figurer, et y être un objet important. Nous nous imaginons que l' anéantissement d'un être aussi parfait que nous dégraderait toute la nature, et nous ne conservons pas qu'on homme de plus

Posteriormente, Beccaria se deteve sobre a matéria postulando sua descriminalização. Referindo-se ao legislador como o "sábio distribuidor público da felicidade", conclui que a pena para o suicídio é injusta e inútil, uma vez que

> "(...) conquanto seja uma culpa que Deus pune, porque só se pode punir após a morte, não é um delito diante dos homens, porque a pena, ao invés de recair sobre o réu, recai sobre sua família".[3]

As questões penais relativas ao suicídio foram duramente combatidas também por Voltaire. Ainda em face da obscuridade existente entre pecado e crime e, portanto, da confusão entre normas religiosas e penais, o filósofo criticou a lei penal aplicada aos suicidas, em especial, o confisco de seus bens.[4]

Segundo Voltaire, Virgílio censurava os suicidas, mas não os condenava. Em Roma, "(...) O imperador Marco Aurélio ordena que suas cinzas não sejam perturbadas, e que seus testamentos sejam considerados válidos (*Loi Du duvin Marc-Antonin,* code, liv. IX, tít. L.)".[5]

Esta posição de Voltaire é reafirmada ao comentar o livro de Beccaria. Após esclarecer que não pretende fazer apologia de um fato que as leis daquele tempo puniam, Voltaire afirma que, na Bíblia, nem o Novo nem o Velho Testamento trazem passagens que impõem à pessoa subtrair-se a vida quando não mais a tolera. As leis romanas jamais condenaram o suicida, diz ele. Assim, se um

---

ou de moins dans le monde – que dis-je? – tous les hommes ensemble, cent million de têtes comme la notre, ne sont qu'on atome subtil e délié, que Dieu n'aperçoit qu'a cause de l'immensité des ses connaissances."

3 BECCARIA, *Dei delitti e delle pene,* XXXII, p. 58.

4 VOLTAIRE. *O preço da justiça.* Trad. Ivone C. Benedetti. São Paulo: Martins Fontes, 2006, p. 22-23.

5 VOLTAIRE. *O preço da justiça.* Trad. Ivone Castilho Benedetti. São Paulo: Martins Fontes, 2006, p. 23.

pai ou um irmão tirasse a própria vida por desespero, loucura, ou para fugir da dor ou, ainda, por ter ela se tornado um tédio, seu testamento deveria ser considerado válido ou os herdeiros deveriam suceder àquele que se suicidou *ab intestato*.[6] Mesmo diante da dimensão humanista desta lei,

> "(...) punimos o filho por ter perdido o pai e a viúva por lhe ter sido tirado o marido. Chegamos até mesmo a confiscar os bens do morto; o que significa, em definitivo, furtar o patrimônio dos vivos.[7] (...) 'Quem confisca o corpo, confisca os bens'; uma máxima vigente nos países em que o costume faz a lei. Como dissemos pouco antes, fazem morrer de fome os filhos daqueles que colocaram voluntariamente um fim aos seus próprios dias tristes".[8]

Montesquieu repudiou as leis aplicadas aos suicidas, que os fazia morrer "uma segunda vez". O morto era declarado infame, seu cadáver era arrastado pelas ruas, seus bens confiscados. Eram impostas, portanto, sanções penais infamantes para a família do suicida e simbólicas ao cadáver. À pessoa que praticava o tentado suicídio impunham-se, a um só tempo, penas infamantes e simbólicas.

A inicial crítica de Montesquieu se voltou para as leis europeias que, mesmo à pessoa livre, aprisionam a alma. Apontou não apenas a contrariedade destas leis com o senso de humanidade do qual deveriam se revestir as sanções penais, mas também a violência por elas gerada em relação ao suicida e sua família.

Assim, antes de Beccaria e Voltaire, Montesquieu tratou os aspectos penais do suicídio, tema que, posteriormente, foi recorrente no Iluminismo Penal.

---

6 Cf. VOLTAIRE. Commento intorno al libro "Dei delitti e delle pene" (di Beccaria). *In:* BECCARIA, *Dei delitti e delle pene*, XIX, p. 91.

7 VOLTAIRE. Commento intorno al libro "Dei delitti e delle pene" (di Beccaria). *In:* BECCARIA, *Dei delitti e delle pene*, XIX, p. 92.

8 VOLTAIRE. Commento intorno al libro "Dei delitti e delle pene" (di Beccaria). *In:* BECCARIA, *Dei delitti e delle pene*, XXI, p. 92.

2.2 Contra a criminalização do duelo

Montesquieu também se insurgiu contra a criminalização do duelo. Em França, segundo o filósofo, a única forma de colocar fim às desavenças sobre uma "questão de honra" era o duelo. Mas essa solução era injusta, porque ser mais rápido ou mais forte que o outro não implica que suas razões sejam as que devam prevalecer.

Os reis daquela época proibiram, em vão, o duelo, com severas penas. Segundo Montesquieu tal prescrição não era observada, pois a "questão de honra" era mais forte que a lei. Por isso, diz Usbek a Ibben que os franceses ficaram em situação difícil, pois as leis da honra diziam que a ofensa deveria ser vingada, mas a justiça os punia, neste caso, com penas muito cruéis. Assim,

> "(...) Se seguem as leis da honra, morrem sobre o cadafalso; se seguem aquelas da justiça, são para sempre banidos da sociedade. Não permanece, pois, nada mais que uma cruel alternativa: ou morrer, ou ser indigno de viver".[9]

Com o sutil e, ao mesmo tempo, profundo contraste entre as duas espécies de leis e o consequente raciocínio sobre o duelo, Montesquieu demonstra a situação violenta e contraditória criada pela sua criminalização, colocando as bases para tratar as questões penais no *Espírito das leis*.[10]

Posteriormente, Beccaria escreveu sobre a descriminalização do fato, e destacou que a melhor maneira de combater referido crime seria punindo o agressor, isto é, a pessoa que provocou o duelo.[11]

---

9 MONTESQUIEU, *Lettres persanes*, XC, in verbis: "Si l'ont suit les lois de l'honneur, on périt sur un échafaud; si l'on suit celles de la justice, on est banni pour jamais de la société dês hommes. Il n'y a donc que cette cruelle alternative, ou de mourir, ou d'être indigne de vivre."

10 Assim, cf. CATTANEO, Mario A. *Il liberalismo penale di Montesquieu*. Napoli: Edizioni Scientifiche italiane, 2000, p. 57.

11 BECCARIA, *Dei delitti e delle pene*, X, p. 29.

2.3 Acerca da severidade das penas

Na Carta LXXX, Montesquieu realiza uma crítica sobre a excessiva severidade das penas.

Usbek, ao escrever a Rhedi, afirma não ser a atrocidade ou brandura das penas a beneficiar ou favorecer a observância das leis. Nos países onde os castigos são menos severos, as pessoas teriam o mesmo temor que aquelas de países onde os castigos são tirânicos e horrendos:

> "(...) Num Estado, não são as penas mais ou menos cruéis que levam à obediência das leis. Nos países onde as penas são moderadas, elas são temidas do mesmo modo como naqueles onde são severas e tirânicas. Seja o governo suave ou cruel, as penas são sempre graduais; inflige-se um castigo mais ou menos grave, segundo a maior ou menor gravidade do delito. A imaginação se adapta por si mesma aos costumes do país onde se vive: oito dias de prisão ou uma pequena multa produzem tanta impressão no espírito de um europeu, crescido em um país de clemência, como a perda de um braço intimida um asiático".[12]

Nos casos dados, as penas interligam um nível de temor, individual ou coletivo, à espécie de pena, mas cada país regula esta interligação a seu modo: "(...) a desesperação da infâmia desola um francês condenado a uma pena, e a um turco não faria perder um quarto de hora de sono".[13]

---

12 MONTESQUIEU, *Lettres persanes*, LXXX, p. 197, in verbis: "Soit que le gouvernement soit doux, soit qu'il soit cruel, on punit tourjours par degrés: on inflige un châtiment plus ou moin grand à um crime plus ou moin grand. L´imagination se plie d'elle même aux moeurs du pays ou l'on est: huit jours de prision ou une légére amende frappent autant l'esprit d'un européen, nourri dans um pays de douceur, que la perte d´un brás intimide um Asiatique."

13 MONTESQUIEU, *Lettres persanes*, LXXX, p. 197, in verbis: "(...) le despoir de l'infamie vient désoler un Français condamner à une peine qui n'ôterait pas un quart d'heure de sommeil à un Turc".

No entanto, prossegue Usbek, a severidade das sanções não faz com que se cometam menos crimes na Turquia, na Pérsia, em relação a outros países, tais como a Holanda e a Inglaterra:

> "(...) e que os homens, temerosos da gravidade dos castigos, sejam mais submissos à lei. Ao contrário, noto nestes Estados uma fonte de injustiças e de vexações. Acho até mesmo que o soberano, que é a personificação da lei, aqui é menos senhor do que em qualquer outro lugar".[14]

Com base nesta carta, é possível afirmar que o traço mais marcante do pensamento iluminista em matéria penal - como o é a sua característica humanista - está presente, ainda que implicitamente.

A suavidade das penas, segundo Montesquieu, é adequada às sociedades mais evoluídas. A gravidade e o rigor das penas previstas e aplicadas, nem sempre atuam de forma decisiva e concreta para fins preventivos.

2.4 Proporcionalidade das penas

Na carta CII, Montesquieu critica a desproporcionalidade das penas aplicadas aos delitos, referindo-se aos sultões asiáticos:

> "O costume de mandar à morte, com um único sinal, todos aqueles que os desagradam, inverte a proporção que deveria existir entre delitos e penas, que é como a alma dos Estados e a harmonia dos impérios; enquanto a inobservância escrupulosa

---

14 MONTESQUIEU, *Lettres persanes*, LXXX, p. 198, in verbis: "(...) et que les hommes, intimidés par La grandeur des châtiments, y soient plus soumis aux lois. Je remarque, au contraire, une source d'injustice et de vexations aux milieu de ces mêmes États. Je trouve même le prince, qui est la loi même, moins maître que partout ailleurs."

desta proporção dá aos príncipes cristãos uma enorme vantagem sobre os nossos sultões".[15]

Portanto, desde sua juventude, o filósofo demonstrava preocupação com o poderio dos monarcas e o princípio da proporcionalidade das penas, tema ao qual retornou posteriormente, no *Espírito das leis.*[16]

---

15 MONTESQUIEU, *Lettres persanes*, CII, p. 233, in verbis: "L´usage où ils sont de faire mourir tous ce qui leur déplaisent, au moindre signe qu'ils font, renverse la proportion qui doit être entre les fautes et les peines, qui est comme l'âme dês États et l'harmonie dês empires; et cette proportion, scrupuleusement gardée par le princes chrétiens, leur donne un avantage infini sur nos sultans".

16 Sobre o ponto, cf. item 3.7, *infra*. Ao comentar esta carta, CATTANEO, Mario A., *Il liberalismo penale di Montesquieu*, cit., p. 56 afirma que o raciocínio de Montesquieu se insere na contraposição entre Estados asiáticos e mulçumanos e Estados europeus e cristãos.

3

O DIREITO PENAL NO *ESPÍRITO DAS LEIS*

3.1 Considerações iniciais

Certo é que grande parte das reflexões penais de Montesquieu nas *Cartas Persas* foram expostas, de forma mais detida, no *Espírito das leis*.

Alguns intérpretes de Montesquieu afirmam que o *Espírito das leis* apresenta carência de sistematização,[1] o que não retira, entretanto, a grandeza dos propósitos da obra, cuja elaboração durou vinte anos.[2]

A vida de Montesquieu foi um esforço contínuo para compreender o homem e as leis que regulam sua existência no cosmos físico, na sociedade humana, suas relações com Deus, com a natureza e com os seus semelhantes. As leis expressam uma cadeia de relações constantes, às quais são subordinadas e das quais surgem. Isto é, as leis derivam da natureza das coisas.[3]

---

1 TRUYOL Y SERRA, António. *Historia da filosofia do Direito e do Estado.* Trad. Henrique B. Ruas. Lousã: Tipografia Lousanense, 1990, v. 2, p. 271.

2 Cf. CHEVALIER, Jean-Jacques. *Le grandi opere del pensiero politico.* Trad. Daniela Barbagli. Bologna: Il Mulino, 2013, p. 128.

3 Para MONTESQUIEU, De l´esprit des lois, v. 1, I, 1, p. 5, "Le lois, dans la signification la plus étendue, sont les rapports nécessaires qui dérivent de la nature des choses et, dans ce sens, tous les êtres ont leurs lois; la Divinité a ses lois; le monde matériel a ses lois; les intelligences supérieures à l'hom-

Tendo em vista que as leis encontram a "pauta" para sua feitura na natureza das coisas, não é inexato falar de jusnaturalismo em Montesquieu. Jusnaturalismo historicista, pois as leis de relação às quais as leis positivas devem se adaptar, para não serem arbitrárias, são uma razão extraída da história, isto é, uma "razão histórica".[4] Nesse sentido, afirma o filósofo que a lei deve ser expressão da razão humana, que rege todos os povos.[5]

3.2 Sobre a elaboração das leis

Montesquieu cuidou especificamente da elaboração das leis e, portanto, também das leis penais: "É da bondade das leis criminais que depende principalmente a liberdade do cidadão".[6]

Neste fragmento, o filósofo aponta para uma ética da legislação. Sobre a matéria, Ferrajoli nos diz ser legítima a

> "separação entre direito e moral que impõe, de um lado, o ônus da justificação das proibições e consente, por outro, de falar em

---

me ont leurs lois; le bêtes ont leur lois; l'homme a ses lois". Interessante transcrever a afirmação de ARENDT, Hannah. *A condição humana*. Trad. Roberto Raposo. 9ª. ed., Rio de Janeiro: Forense Universitária, 1999, p. 214 sobre o legado de Montesquieu ao estudo das formas de governo: "Mais importante é a descoberta que se deve, ao que eu saiba, exclusivamente a Montesquieu, o último pensador político seriamente preocupado com o problema das formas de governo. Montesquieu peercebeu que a principal característica da tirania era que se baseava no isolamento – o isolamento do tirano em relação aos súditos, e dos súditos entre si através do medo e da suspeita generalizada – e que, portanto, a tirania não era uma forma de governo como qualquer outra, mas contradizia a condição humana essencial da pluralidade, o fato de que os homens agem e falam em conjunto, que é a condição de todas as formas de organização política."

4 TRUYOL Y SERRA, António. *Historia da filosofia do Direito e do Estado*, v. 2, p. 272.

5 MONTESQUIEU, *De l'esprit des lois*, v. 1, I, 3, p. 10, in verbis: "La loi, en general, est la raison humaine, en tant qu'elle regule tous les peuples de la terre."

6 MONTESQUIEU, *De l'esprit des lois*, v. 1, XII, 2, p. 197.

uma ética da legislação, a fim de criticar as leis como imorais e, portanto, injustificadas".[7]

Para Montesquieu, "(...) o espírito de moderação deve ser aquele do legislador; o bem político, como o bem moral, se encontra sempre entre dois limites".[8]

O legislador deve ter estilo conciso e simples ao elaborar as leis. Imprescindível que as palavras desvelem para todos os mesmos significados, as mesmas ideias. Expressões vagas não devem ser utilizadas: "As leis não devem ser sutis, pois são feitas também para pessoas de medíocre entendimento: (...) elas não são uma arte de lógica".[9]

Montesquieu repudiou as leis desnecessárias. Elas esmorecem as normas indispensáveis e, por isso, a promulgação de leis que poderiam ser evitadas debilita a legislação.

Como as leis devem ser conhecidas por todos, elas não podem contrariar a natureza das coisas. Para o filósofo, é imprescindível que as leis tenham "uma certa candura. Feitas para punir a maldade dos homens, elas devem ter uma certa inocência".[10]

É interessante notar que Montesquieu escreveu sobre as presunções legais, ainda hoje presentes nas legislações penais. No âmbito das presunções, diz Montesquieu que elaborá-las em lei é melhor que deixá-las ao arbítrio dos homens.[11]

---

7 FERRAJOLI, Luigi. *Diritto e ragione*, p. 461.

8 MONTESQUIEU, *De l'esprit des lois*, v. 2, XXIX,1, p. 279.

9 MONTESQUIEU, *De l'esprit des lois*, v. 2, XXIX, 16, p. 291, in verbis: "Les lois ne doivent point être subtiles; elles sont faites pour dês gens de médiocre entendement: elles ne sont point un art de logique".

10 MONTESQUIEU, *De l'esprit des lois*, v. 2, XXIX, 16, p. 294, in verbis: "Il faut dans les lois une certaine candeur. Faites pour punir la méchanceté des hommes, elles doivent avoir elles-mêmes, la plus grande innocence."

11 MONTESQUIEU, De l'esprit des lois, v. 2, XXIX, 16, p. 292, in verbis: "En fait de présomption, celle de la loi vaut mieux que celle de l'homme".

Na doutrina penal contemporânea, reconhece-se que o ideal de simplicidade, clareza e da limitação do número de leis, conatural ao iluminismo, já era presente na obra de Montesquieu.[12]

3.3 A tortura

O nobre francês dedicou um sucinto capítulo à tortura, rejeitando-a veementemente. O tema foi tratado de forma breve, na seara do Direito Penal, num período em que a tortura era compreendida e utilizada como instituto processual penal, como meio para obtenção de provas.

Montesquieu limita-se à consideração de que grandes gênios escreveram sobre a prática por ele considerada apropriada aos governos despóticos, que se perpetuam no poder servindo-se do temor. A tortura nada mais era que uma prática usual, como o é indevida a utilização do sofrimento, para a "procura da verdade", no curso do processo penal. Repudiou a tortura, com suas palavras e com seu silêncio, a um só tempo.

Após afirmar que a tortura é desnecessária, "por sua própria natureza",[13] ele mesmo se interrompe, renunciando a escrever sobre a matéria: "(...) eu ouço a voz da natureza, que grita contra mim".[14]

Nessa passagem, Montesquieu expressa toda a sua angústia, repulsa e compaixão relacionadas à matéria que lhe causa tanto tormento, pela crueldade que lhe é peculiar. Ao se referir à "voz da natureza", desvela a melhor acepção do jusnaturalismo, expressan-

12 FERRAJOLI, Luigi. *Diritto e ragione*, p. 99 e 162, nota 10.

13 MONTESQUIEU, *De l'esprit des lois*, v. 1, VI, 17, p. 99.

14 MONTESQUIEU, *De l'esprit des lois*, v. 1, VI, 17, p. 99.

do todo o seu respeito pela dignidade da pessoa humana.[15]

Segundo Graven, um de seus mais autorizados intérpretes,

> "esta voz que Charles de Secondat de La Brède, o grande Montesquieu, que pertence à França, mas que pertence a todos nós, contribuiu mais que qualquer outra coisa a se fazer ouvir na Europa e em todo o mundo. Ao lado desta voz tão alta da razão, não se pode negar que se ouve também, algumas vezes de forma um pouco mais perceptível, a voz ou o tom do espírito".[16]

O filósofo não elencou os diversos argumentos contra a tortura. Mas sobre eles escreveram, após Montesquieu, Beccaria[17] e Pietro Verri[18].

3.4 Segurança jurídica, certeza do direito, liberdade política e o poder dos juízes

No pensamento de Montesquieu, o conceito de liberdade dos cidadãos está intrinsecamente ligado ao problema penal. A lei penal deve se inspirar na noção de "liberdade política".

A liberdade não é fazer o que se quer, como poderia parecer nas democracias. É necessário ter clara a distinção sobre o que é a independência e o que é a liberdade: "A liberdade é o direito de fazer tudo o que as leis permitem".[19]

A lei penal deve ser precisa e o magistrado deve estar vinculado ao seu conteúdo, para que seja assegurada a liberdade política, como concebida por Montesquieu.

---

15 Cf. CATTANEO, Mario A. Il liberalismo penale di Montesquieu, p. 49.

16 Montesquieu et il diritto penale, p. 245.

17 BECCARIA, *Dei delitti e delle pene*, XII, p. 84.

18 VERRI, Pietro. *Osservazioni sulla tortura*. Roma: New Compton, 1994.

19 *De l'Esprit de lois*, v. 1, XI, 6, p. 162, in verbis: "La liberté est le droit de faire tout ce que les lois permettent (...)"

Nos países moderados, diz o filósofo, priva-se um cidadão de sua honra e de seus bens tão somente após uma longa indagação, e a ele são conferidos todos os possíveis meios para sua defesa.[20] Porém,

> "Nos Estados despóticos, não existe lei. O juiz é ele mesmo a regra. Nos Estados monárquicos, existe uma lei: onde ela é precisa, o juiz a segue; onde ela não o é, o juiz procura seu espírito. Nos governos republicanos, é da natureza da constituição que os juízes sigam a letra da lei. Não há cidadão contra quem se possa interpretar uma lei, quando se trata de seus bens, sua honra ou sua vida".[21]

Enquanto nas monarquias os juízes atuam como verdadeiros árbitros, à medida que um governo se aproxima de uma república, a maneira de julgar vai se modificando para atender ao princípio da legalidade:

> "Em Roma os juízes pronunciavam apenas que o acusado era culpado de um certo crime e a pena se encontrava dentro da lei, como vemos em diversas leis que foram feitas. Do mesmo modo, na Inglaterra, os juízes decidem se o acusado é culpável ou não do fato que o levou diante deles; e, se ele é declarado culpável ou não do fato que o levou diante deles, o juiz pronuncia a pena que a lei inflige por este fato: e, para isso, ele só precisa ter olhos".[22]

---

20 Cf. *De l'Esprit de lois,* v. 1, VI, 2. Para crítica ao ponto, em especial sobre a forma como se compunham os conflitos na Turquia, cf. VOLTAIRE. *Commentario sullo 'Spirito delle legge'.* A/c Domenico Felici. Pisa: ETs, 2011, XXX, p. 115.

21 *De l'Esprit de* lois, v. 1, VI, 3, p. 82, in verbis: "Dans les États despotiques, il n'y a point de loi. Le juge est lui-même as règle. Dans les États monarchiques, il y a une loi: et là où elle est precise, le juge la suit; là où elle ne l'est pas, il en cherche l'esprit. Dans le gouvernement republicain il est de la nature de la constitution que le juges suivent la lettre de la loi. Il n'y a point de citoyen contre qui on puisse interpréter une loi, quand il s'agit de sés biens, de son honneur, ou de sa vie."

22 *De l'Esprit de lois,* v. 1, VI, 3, p. 82, in verbis: "A Rome les juges pronon-

Impressiona-nos a atualidade das afirmações do filósofo. Atualmente, do mesmo modo, afirma Salgado que " A segurança jurídica pressupõe a estrutura do Estado de Direito. O primeiro modelo de Estado de Direito é por isso o romano."[23]

Montesquieu se expressa, assim, não apenas em favor da legalidade, mas também da certeza do direito e da segurança jurídica, sempre em vista da liberdade política.

Como ensina Salgado, a segurança jurídica, compreendida como a antevisão dos efeitos de Direito e a certeza jurídica, compreendida como a "inalterabilidade dos efeitos de direito", ao lado da equidade,

> "... são os elementos, formal e material, sem o que não se realiza a justiça, isto é, a justiça não se põe na sua efetividade. Daí por que o romano entendia o direito como um sistema aberto, vale dizer, ao mesmo tempo axiomático (formal) e tópico (no sentido de argumentativo) em que a dogmática conceptual, a lei e a realidade dos efeitos do direto nos interesses envolvidos se combinam para a solução justa."[24]

A lei penal deve, portanto, ser inspirada na noção de liberdade política originada da ordem constitucional.

A lei, e apenas ela, deve prever as penas. Afirma Montesquieu, desta forma, o axioma *nulla poena sine lege.* A formalização legal

---

çaient seulement que l'accusé était coupable d'un certain crime, et la peine se trouvait dans la loi, comme on le voit dans diverses lois qui furent faites. De meme, en Angleterre, les juges décident si l'accusé est coupable, ou non, du fait qui a été porté devant eux; et, s'il est declaré coupable, le juge prononce la peine que la loi inflige pour ce fait: et, pour celà, il ne lui faut que des yeux".

23 SALGADO, Joaquim Carlos. *A ideia de justiça no mundo contemporâneo;* fundamentação e aplicação do direito como *maximum* ético. Belo Horizonte: Del Rey, 2006, p. 108.

24 SALGADO, Joaquim Carlos. *A ideia de justiça no mundo contemporâneo,* p. 115.

da pena torna-se um pressuposto básico para reduzir o direito penal naquele período.

Ao juiz compete apenas julgar sobre a existência do crime e declarar culpado o seu autor, aplicando-lhe a pena prevista em lei.

O exemplo de Roma, antes transcrito, nos é dado por Montesquieu como forma de evitar o arbítrio, ou como o arquétipo do poder de julgar.

Estes fragmentos da obra de Montesquieu, que atualmente poderiam ser considerados óbvios e/ou banais, foram revolucionários em seu tempo e recebidos na Declaração de 1789 e nas primeiras constituições.

Naquele período, Montesquieu caracterizou de forma significativa a ideia de certeza do direito, mesmo sem ter utilizado tal expressão, em diversas passagens do *Espírito das leis*. Em toda a sua doutrina, a posição do juiz é de absoluta subordinação à lei, para garanti-la:

> "(...) os juízes da nação são apenas, como já dissemos, a boca que pronuncia as palavras da lei; seres inanimados que não podem moderar nem a sua força, nem o seu rigor".[25]

Esta é a célebre passagem do *Esprit des lois*, na qual os intérpretes de Montesquieu afirmam ter ele reduzido a função judicial a puro mecanicismo, identificando o juiz tão somente como *la bouche de la loi*.[26]

O que se percebe diante da realidade do problema penal ao tempo de Montesquieu, é sua abnegação em defender os cidadãos do arbítrio, inclusive judicial.

---

25 MONTESQUIEU, *De l'esprit des lois*, Livro XI, 6, in verbis "(...) les juges de la nation ne sont, come nous avons dit, que la bouche qui prononce les paroles de la loi."

26 Sobre o ponto, cf. Cf. FIANDACA, Giovanni e MUSCO, Enzo. *Diritto penale*; parte generale. 5. Ed., Torino: Giappichelli, 2011, p. 112 e CATTANEO, Mario A. *Il liberalismo penale di Montesquieu*, p. 36.

Esta exigência foi advertida pelo filósofo, que exaltou o vínculo do juiz à lei. É num espectro garantista, tendo em vista o período histórico no qual viveu, que deve ser interpretada essa passagem do *Espírito das leis*.

Porém, no Direito Penal contemporâneo, Ferrajoli assevera não ser apenas estranha, "mas também incompatível com a epistemologia garantista a ideologia mecanicista da aplicação da lei expressa pela célebre frase de Montesquieu".[27]

Na realidade, tem sido reconhecido que

> "o aparato disposto para esta fundamental função social permanece sendo um aparato humano, com suas inevitáveis limitações e faltas e, por outro lado, a ideal certeza no regulamento das relações objeto das normas se choca com a realidade, que não tolera a redução dos fenômenos da vida, variáveis e complexos, em esquemas rígidos - mesmo se tecnicamente refinados - das normas jurídicas. A *relatividade* da ideia de *certeza* do direito se apresenta, assim, como uma obrigada resposta".[28]

E, com efeito, nos códigos penais da atualidade, há sempre uma margem deixada para a integração, a ser realizada pelo intérprete da norma.

Algumas vezes é oportuno deixar ao intérprete a faculdade de expressar-se em face das situações concretas como ocorre, *e. g.*, na utilização dos elementos normativos na espécie de fato incriminada, que enviam o intérprete a outras normas jurídicas, ou às normas sociais ou de costume. Nesse sentido, a expressão "ato obsceno", contida no art. 233, do código penal brasileiro, é emblemática. Os elementos normativos do tipo, sem dúvida, deixam um rastro de indeterminação nos tipos penais, em contraste com o princípio de legalidade.

---

27 FERRAJOLI, Luigi. *Diritto e ragione*, p. 11-12.

28 RAMACCI, Fabrizio. *Corso di diritto penale*. 5. ed., Torino: Giappichelli, 2013, p. 192.

Tais elementos foram comparados a uma espécie de "órgãos respiratórios" do sistema penal, permitindo uma constante adequação da norma penal à realidade social, mesmo reconhecendo-se que violam o cânone da legalidade penal.[29]

Muitas vezes, a indeterminação da lei é involuntária, mas isso não significa que deva obrigatoriamente nos conduzir à incerteza ou à impossibilidade de controle, inclusive no âmbito do direito processual penal.

Acentue-se que atualmente atribui-se ao juiz penal uma margem de discricionariedade penal e não de arbítrio judicial;[30] como exemplos, mencione-se a discricionariedade do juiz na fixação das penas, na aplicação das medidas de segurança, dentre tantos outros institutos que poderiam ser indicados.

Por isso, a ideia de reduzir o juiz a mero executor da vontade legislativa, e assim, o ideal de representá-lo como *la bouche de la loi* é visto como uma ilusão: muitas vezes o juiz deve realizar indagações que vão além do simples teor da fórmula linguística contida na lei para individuar o objeto da tutela penal e aplicá-la (ou não aplicá-la) dentro de seus estreitos confins; outras vezes, por mais atento que seja o legislador, nos deparamos com os limites objetivos inerentes ao uso da linguagem legal, sendo inevitável uma dose de imprecisão; finalmente – e infelizmente – não podemos cogitar da uniformidade entre a linguagem da lei e a linguagem comum, que realmente asseguraria maior aderência do Direito Penal à realidade social.

---

29 Cf. FIANDACA, Giovanni e MUSCO, Enzo. *Diritto penale*; parte generale, p. 83-84.

30 Sobre a matéria, cf. conciso e substancioso escrito de LATAGLIATA, Angelo Raffaele. Considerazioni sul concetto di discrezionalità del giudice penale. *In: Rivista trimestrale della scuola di perfezionamento delle forze di polizia*. Roma: IPZS, 1988, jan.-mar/1988, p. 33-58.

Em todos esses casos, a interpretação se torna imprescindível para escolher, dentro do espaço semântico da lei, seu justo significado, não apenas em seu contexto, mas de forma sistêmica.

Assim, o cuidado do legislador em matéria penal e, em especial, as diversas teorias construídas pela doutrina penal dos Estados Democráticos, sempre se direcionam - embora nem sempre consigam - no sentido de elaborar leis claras e precisas, bem como de fixar princípios e critérios idôneos para sua aplicação garantista, observante aos direitos fundamentais.

3.5 Legitimidade da intervenção penal, função preventiva da pena e princípio da intervenção mínima

Ao tratar das relações das leis com os princípios que formam o espírito geral, os costumes e as maneiras de uma nação, Montesquieu concebeu alguns critérios com a finalidade de radicar o Direito Penal sobre a liberdade.

Para Montesquieu, a intervenção penal é ilegítima quando ausente um crime. A legitimidade das penas se faz sentir tão somente quando postas para impedir delitos:

> "Existem meios para impedir os crimes: são as penas; e elas existem, para mudar as maneiras: são os exemplos"[31] (...) "Toda pena que não derive da necessidade é tirânica".[32]

A ideia de aterrorizar e amedrontar pela ameaça da sanção penal gozava de extrema credibilidade no Direito Penal daquela

---

31 *De l'Esprit de lois*, v. 1, XIX, 14, p. 326, in verbis: "Il y a des moyens pour empêcher les crimes: ce sont les peines; il y en a pour faire changer les manières: ce sont les exemples."

32 *De l'Esprit de lois*, v. 1, Livro XIX, 14, p. 326, in verbis: "Toute peine qui ne derive pas de la necessité est tyranique (...)"

época. A pretensão de disseminá-la cada vez mais e de exacerbar o rigor punitivo levou a graves excessos, tanto na Idade Média como nos séculos posteriores.

A pena era exemplar e simbólica. Sua execução era brutal e violenta, ao ponto de provocar em quem a assistisse o pânico e o medo. Ao tempo de Montesquieu, instaurou-se um sistema repressivo de iniquidades, que conduziu, sem dúvida, ao embrutecimento dos hábitos normais de convivência àquela época.

Para o filósofo, somente aos governos despóticos pode servir a severidade das penas, pois esses governos têm como princípio o terror.

É significativa, a propósito, a observação de Montesquieu relativa aos Estados despóticos, onde é grande a infelicidade das pessoas. Neles, as sanções penais devem ser severas. Nos Estados moderados, ao contrário, bastam os suplícios simples, pois nesses Estados a sensação que domina os cidadãos é o temor de perder a vida:

> "Nos países despóticos as pessoas são tão infelizes que elas temem mais a morte do que lamentam a perda da vida; aqui os suplícios devem ser mais rigorosos. Nos Estados moderados teme-se mais perder a vida do que se receia a morte em si mesma; os suplícios que simplesmente suprimem a vida são, portanto, suficientes".[33]

Nos Estados moderados, serão o temor, a vergonha e o amor à pátria a evitar os crimes. Por isso, nesses Estados "(...) um bom

---

33 MONTESQUIEU, *De l'esprit des lois*, v. 1, VI, 9, p. 89, in verbis: "Dans les pays despotiques on est si malheurer, que l'on y craint plus la mort qu'on ne regrette la vie; les supplices y doivent donc être plus rigoureux. Dans les États modérés, on craint plus de perdre la vie qu'on ne redoute la mort en elle-même; les supplices qui otent simplement la vie y sont donc suffisants.". Ao concluir o capítulo IX, Montesquieu usa uma frase que expressa seu sentimento de dor pela humanidade, quando submetida a atrocidades pelo arbítrio dos poderosos: "Lorsque nous lisons, dans les histoires, les exemples de la justice atroce des sultans, nous sentons avec une espèce de doleur les maux de la nature humaine."

legislador será menos preocupado em punir os crimes que em preveni-los; ele se aplicará mais a moderar do que em infligir suplícios".[34]

Nestes fragmentos, Montesquieu se insurgiu contra o simbolismo e a exemplariedade das penas.

Posteriormente Beccaria sedimentou o "direito de punir" no fragmento do *Espírito das leis* que afirma ser tirânica toda pena que não derive da absoluta necessidade, antes transcrito.[35]

Nessa passagem de sua obra, Montesquieu, para além de elaborar o princípio da necessidade da pena, introduz a ideia de outro princípio não menos importante, que é aquele relativo a intervenção mínima, isto é, o recurso à sanção penal só deve ser realizado como *ultima ratio*.

Segundo Ferrajoli esta formulação de Montesquieu, tal como aquelas construídas por iluministas que o sucederam, traduz-se em uma concepção utilitarista e secularizada da pena, que serve de modelo de justificação para o Direito Penal. No entanto, por permanecerem ancoradas na ideia de prevenção dos crimes, são impróprias para "fundamentar critérios de efetiva delimitação e minimização do Direito Penal".[36]

Se esta passagem de Montesquieu não serve como critério a tal fim, é impossível desconhecer que, diante da realidade de sua época, o filósofo foi reducionista e minimalista.

Portanto, mesmo reconhecendo que em Montesquieu não se encontram critérios para concretizar o reducionismo penal que se postula como imprescindível na atualidade, o filósofo estabeleceu

---

34 *De l'Esprit de lois*, v. 1, VI, Capítulo 9, p. 88-89, in verbis "(...) un bon législateu s'attachera moins a punir les crimes qu'à les prevenir; il s'appliquera plus à donner des moeurs qu'a infliger des supplices."

35 Cf. no presente texto, item 1, *retro*.

36 *Diritto e ragione*, p. 249.

critérios para delimitação da matéria penal, tendo em vista as circunstâncias históricas do seu tempo.

As concepções reducionistas do Direito Penal têm encontrado limites intransponíveis na hiperinflação de leis penais. Assistimos atualmente a uma abusiva expansão do Direito Penal, em muito condicionada pela tutela de funções, pela sociedade do risco e pela paulatina administrativização do Direito Penal, dos movimentos de Lei e Ordem e sua influência nas legislações penais, bem como do crescente clamor social por punição, em virtude do *déficit* de segurança pública nos Estados contemporâneos.

Ao dizer que o bom legislador deverá empenhar-se a prevenir delitos e não a puni-los, Montesquieu refere-se a atividades destinadas a evitar delitos servindo-se de medidas sociais ao invés de intervir com sanções penais, prática esta denominada por alguns prevenção indireta.[37]

A propósito, Ferrajoli reconhece que "o projeto da prevenção dos delitos por meios não punitivos e dirigidos a combater as causas sociais da criminalidade é recorrente na literatura penal do Iluminismo".[38]

Desvela-se na obra de Montesquieu a função preventiva da pena e do inteiro sistema jurídico daquele período. A lei penal será apenas um instrumento da legislação em geral, pois toda ela deve servir a demover os cidadãos da prática de crimes.

Em um sistema jurídico preventivo, portanto, a sanção penal assumiria caráter *acessório*.[39]

---

37 Neste sentido, cf. CATTANEO, Mario A. *Il liberalismo penale di Montesquieu*, p. 63, que fala em "(...) opera volta a impedire i delitti com mezzi sociali prima, invece di intervenire com le pene."

38 *Diritto e ragione*, p. 542, nota 23.

39 Cf. CATTANEO, Mario A., *Il liberalismo penale di Montesquieu*, p. 63, nota 13.

3.6 Da impunidade como fator criminógeno

A humanização das penas, tema candente no Iluminismo Penal, encontra posição central na obra de Montesquieu.

O filósofo foi precursor do princípio da humanidade das penas. E assim se manifestou ao tratar da severidade das sanções penais de seu tempo.

Diz Montesquieu que os governos violentos se preocupam mais em combater os inconvenientes infligindo penas cruéis, que em despertar o respeito às leis.

Segundo o filósofo, a mente humana se habitua à gravidade da pena, diminuindo, assim, o temor a ela. Não é necessário, para dissuadir de crimes, a imposição de medidas extremas.

Por isso, os meios oferecidos para tal fim devem ser utilizados de forma cautelosa, com moderação: "Examinemos as causas de todos os relaxamentos e veremos que elas vêm da impunidade dos crimes, e não da moderação das penas".[40]

A severidade das penas, pois, não é o maior nem o melhor instrumento para conter a prática de crimes, mas sim a certeza de que, uma vez praticados, serão efetivamente punidos.

Posteriormente, Beccaria retomaria esta ideia, afirmando que "(...) A certeza de um castigo, ainda que moderado, fará sempre uma maior impressão que não o temor de outro mais terrível, unido com a esperança da impunidade".[41]

Assim, mais uma vez Montesquieu confirma a presença e a força do sentimento iluminista, como movimento filosófico tam-

---

40 MONTESQUIEU, *De l´esprit des lois*, v. 1, VI, 12, p.91, in verbis: "Qu´on examine le cause de tous les relâchements, on verra qu´elle vient de l´impunité des crimes, et non pas de la modération des peines."

41 *Dei delitti e delle pene*, XXVII, p. 46, in verbis: "La certezza di un castigo, benché moderato, farà sempre una maggiore impressione che non il timore di un altro più terribile, unito colla speranza dell´impunità".

bém fundado sobre a razão.[42] Esta inter-relação entre sentimento e razão no iluminismo penal foi encontrada com maior vigor na obra de Beccaria.

3.7 A proporcionalidade das penas e a graça

Nessa passagem, o filósofo retoma o tema da proporcionalidade das penas, por ele tratado nas *Cartas Persas.*[43]

Montesquieu, em conciso capítulo, trata a lei do talião. Afirma ser ela recorrente nos Estados despóticos. Apenas algumas vezes é utilizada nos Estados moderados.[44]

Porém, aqui se deteve, explicitamente, sobre o problema da indispensável proporção das penas a serem previstas, em vista do crime praticado. Afirma não ser correto aplicar a mesma pena àquele que apenas furta e àquele que furta e mata. Para a segurança pública é imprescindível diferençar as penas. Quando esta diferença não existe, diz Montesquieu, a esperança é a graça soberana, ausente nos Estados despóticos.

Punir com a mesma pena os agentes de um furto e de um furto seguido de morte da vítima favorece a prática do crime mais grave.

Para exemplificar sua afirmação, Montesquieu narra que em Moscóvia, onde as penas previstas para os ladrões e assassinos são idênticas, os assassinatos continuam: "Os mortos, dizem, não contam nada".[45]

---

42 KANT, Immanuel e FOUCAULT, Michel. *Kant, Foucault; che cos'è l'illuminismo?* Milano: Mimesis, 2012, *passim.*

43 Cf. item 2.3, *retro.*

44 *De l'esprit des lois,* v. 1, VI, 19, p. 98.

45 *De l'esprit des lois,* v. 1, VI, Capítulo 16, p. 98, in verbis: "Les morts, y dit on, ne racontent rien.".

Mesmo ao tratar da justa proporcionalidade da pena, Montesquieu o faz dentro de uma perspectiva da função preventiva das sanções penais.

Ainda nesta passagem, o filósofo escreve em favor da ampliação do espectro de aplicação da graça, atribuída pelo soberano ao autor de crimes. Este poder do príncipe de perdoar é importante e surte efeitos vantajosos. Mas Montesquieu não esclarece quais são esses efeitos.[46]

Voltaire diz que a conclusão de Montesquieu sobre a graça torna "*l'Esprit des lois* um bem precioso. Eis que não a possuem nem Grotius, nem Pufendorf, nem todos os compiladores sobre os direitos das gentes".[47]

Para Beccaria, ao contrário, a graça será necessária apenas onde as leis e as condenações são atrozes. A concessão da graça faz com que as pessoas sintam que os crimes podem ser perdoados, e que a sanção penal não é sua inevitável consequência, favorecendo desta forma a impunidade:[48] por isso, as leis e seus executores devem ser inexoráveis, mas o legislador deve ser "doce, indulgente e humano".[49]

3.8 A natureza dos crimes

Montesquieu também se deteve em questões mais precisas acerca do Direito Penal.

---

46 MONTESQUIEU, *De l'esprit des lois*, v. 1, VI, Capítulo 21, p. 101, trata de forma mais detida sobre a clemência dos soberanos.

47 VOLTAIRE, *Commentario sullo "Spirito delle leggi"*; bifronte, XXXIII, p. 121, in verbis: "Une telle décision et celles qui sont dans ce goût rendent, a mona vis, **l'Esprit des lois** bien précieux. Voilá CE que n'on dit ni Grotius, ni Pufendorf, ni toutes les compilations sur le droit des gens."

48 Cf. BECCARIA, *Dei delitti e delle pene*, p. 69.

49 *Dei delitti e delle pene*, p. 69.

Elaborou uma hierarquia para os delitos, dividindo-os em quatro grupos. Com base na natureza de cada um dos grupos em que classificou os crimes, indica as respectivas espécies de penas a serem a eles individuadamente cominadas.

Apesar disso, excetuando os crimes contra a religião, a nosso ver, tal classificação, aparentemente simples, é um dos pontos obscuros e imprecisos de sua doutrina penal.[50]

Ao tratar a matéria, as palavras de Montesquieu soam como uma denúncia. Em especial quando pensamos que, na história do Direito Penal, muitas vezes prevaleceu (e prevalece), a "violência do homem sobre o homem", parafraseando o filósofo.

Um dos triunfos da liberdade, segundo Montesquieu, aconteceria quando as leis penais determinassem cada pena, tendo em vista a natureza peculiar do crime. Todo o arbítrio cessa, diz ele, se a sanção penal não depender do capricho do legislador, mas sim da natureza das coisas.

Neste fragmento do *Esprit des lois*, afloram os princípios da proporção e da humanidade das penas, próprias do pensamento iluminista, como o âmago de toda a doutrina de Montesquieu criminalista.

Se é certo que com a separação de poderes findou o arbítrio dos homens, Montesquieu agora cuida de colocar fim ao arbítrio dos legisladores, estabelecendo que as leis devem extrair a pena da natureza do delito, criando a proporção entre delito e pena. Ele coloca uma limitação legislativa para o Estado que tem como finalidade a liberdade, em matéria penal, ao esboçar um critério objetivo e natural para a concretização da proporcionalidade.

---

50 Também neste sentido, referindo-se aos crimes da segunda espécie elencados por Montesquieu, cf. CATTANEO, Mario A. *Il liberalismo penale di Montesquieu*, p. 72.

É com esta determinação que Montesquieu agrupa quatro espécies de crimes: contra a religião, os costumes, a tranquilidade e a segurança dos cidadãos.[51]

3.8.1 Crimes contra a religião, secularidade e laicidade do Direito Penal

A primeira classe de crimes compreende apenas os crimes contra a religião, que a lesam de forma direta. São os "sacrilégios simples", como Montesquieu os denomina. Estão excluídos desta categoria os crimes que ofendem a prática da religião que, para Montesquieu têm a mesma natureza daqueles que turbam a tranquilidade ou a segurança dos cidadãos.

As penas a serem previstas para o sacrilégio devem ser estribadas na natureza das coisas e, por isso, elas devem consistir na perda de todas as vantagens advindas da religião, tais como a expulsão dos templos, a privação da sociedade dos fiéis - que pode ser temporal ou perpétua - e a execração, dentre outras.

A prática de fatos contra a divindade, diz Montesquieu, não é matéria criminal. Nesses casos, as questões devem permanecer entre o homem e Deus, que sabe qual será o tempo e a medida de sua própria vingança.

Se o magistrado, ainda assim, procura o sacrilégio escondido, ele aniquila a liberdade dos cidadãos. Para Montesquieu, o erro reside em estabelecer a necessidade de vingar a divindade que, ao final, não deve ser vingada, mas sim, honrada. Por isso, se as leis humanas quisessem vingar um ser infinito, estas deveriam ser

51 *De l'esprit des lois*, v.1, XII, 4, p. 198, in verbis: "Il y a quatre sortes de crimes: ceux de la première espèce choquent la religion; ceux de la seconde, les moeurs; ceux de la troisième, la tranquilité; ceux de la quattrième, la sûreté des citoyens."

graduadas sobre sua infinidade e não sobre as ignorâncias, as fraquezas e os caprichos da natureza humana.[52]

Neste fragmento, ainda que implicitamente, desvela-se o reclamo contra a religiosidade jurídico-penal, em favor de um direito penal secularizado[53] e laico.

Fiel ao princípio de separação entre Estado e Igreja, ele não considera as ofensas à religião como crimes, mas sim, pecados, reservando sua punição a Deus.[54]

Montesquieu se mostra claramente contrário à punição por violação de leis meramente religiosas: "É necessário evitar leis penais em matéria de religião".[55]

Assim, mesmo sem utilizar as expressões secularidade e laicidade, já os afirmava no *Esprit des lois.*

---

52 MONTESQUIEU, De l´esprit des lois, v. 1, XII, 4, p. 199: "Si les lois des hommes ont à venger un être infini, elles se régleront sur son infinité, et non pas sur les faiblesses, sur les ignorances, sur les caprices de la nature humaine."

53 Nesse sentido, Cf. BORGHERO, Carlo. *L'ordine delle legge e la natura delle cose,* p. 193 e CATTANEO, Mario A. *Il liberalismo penale di Montesquieu,* p. 71-72. Interessante notar que os estudiosos mencionados, que são autorizados intérpretes de Montesquieu, sustentam que os fragmentos tratados neste capítulo referem-se apenas ao secularismo do direito penal, sem cogitar, de forma explícita, do princípio jurídico da laicidade.

54 Cf. BORGHERO, Carlo. *L'ordine delle legge e la natura delle cose*, p. 193.

55 MONTESQUIEU, *De l´esprit des lois*, v. 2, XXV, 12, p. 163, *in verbis:* "*Il faut éviter les lois pénales en fait de religion.*" Entretanto, é importante acentuar que Montesquieu via com bons olhos a religião. Segundo ele, *Dans un pays ou l´on a le malheur d´avoir une religion que Dieu n´a pás donnée, il est toujours nécessaire qu´elle s´accorde avec la morale; parce que la religion, même fausse, est le meilleur garant que les hommes puissent avoir de la probité des hommes. Les points principaux de la religion de ceux de Pegu sont de ne point tuer, de ne point voler, d´éviter l´impudicité, de ne faire aucun deplaisir à son prochain, de lui faire, au contraire, tout le bien qu´on peut. Avec cela ils croient qu´on se sauvera dans quelque religion que ce soit: ce qui fait que ces peuples, quoique fiers et pauvres, ont La douceur et la compassion pour les malheureux (De l´esprit des lois*, v. 2, Livro XXIV, capítulo VIII, p. 139).

O princípio da laicidade impõe aos atuais Estados democráticos uma posição de neutralidade perante as religiões, o que não significa sua indiferença a elas. O Estado não pode deixar de atribuir relevo às religiões e nem mesmo ignorar sua presença na sociedade. Ao invés, deve garantir aos cidadãos liberdade de culto, como inscrito nas Constituições da atualidade.

Por isso mesmo, devem conviver, com igualdade e liberdade, os mais diversos credos, a fé, a cultura e as diferentes religiões. Ao Direito Penal cumpre tão somente assegurar a liberdade no exercício da fé, não importa qual seja a religião professada. As leis penais não podem criminalizar, fatos proibidos pelas diversas religiões (pecados) ou dogmas religiosos.

É importante relevar que, atualmente, o conceito de laicidade é bastante controverso na filosofia. Alguns realizam a contraposição entre laicidade e laicismo, outros entre laicidade fraca e laicidade forte;[56] enfim, o léxico é variado e também o seu significado filosófico.

Ao espectro do jurista interessam apenas a secularidade, isto é, o direito penal deve perseguir finalidades terrenas - e não espirituais - assumindo uma posição de neutralidade em relação às diversas religiões, e a laicidade, segundo a qual ao direito penal não cumpre prescrever princípios morais e religiosos.

Ainda assim, é importante ressaltar uma vez mais que secularização e laicidade não significam ausência de valores ou indiferença a eles. Secularização e laicidade são - ou deveriam ser - garantias normativas nos Estados contemporâneos, que são pluralistas, multiétnicos e multiculturais, aberto às diferentes cultu-

---

56 Sobre a diversidade terminológica, as dificuldades e as diversas controvérsias suscitadas pela expressão na filosofia, cf. ABBAGNANO, Nicola. *Dizionario di filosofia*. Torino: UTET, 2009, p. 624-626 e ROMANO, Mario. Principio di laicità dello Stato, religioni e norme penali. *In: Rivista italiana di diritto e procedura penale*. Milano: Giuffrè, 2007, p. 470-492.

ras e religiões, garantindo o reconhecimento dos direitos, da liberdade e da dignidade da pessoa humana.

A nosso ver, foi ao secularismo e à laicidade que se referiu Montesquieu - ainda que com outras palavras - ao afirmar que as leis penais não devem tratar de matéria religiosa.

Posteriormente, também Beccaria demarcou a distinção entre pecado e crime, postulando a secularidade do Direito Penal:

> "Falo dos delitos que emanam da natureza humana e do pacto social e não dos pecados em relação aos quais as penas, mesmo temporais, devem regular-se com outros princípios diversos daqueles de uma limitada filosofia".[57]

É necessário, portanto, não confundir as diferentes religiões professadas no Estado, suas diretivas morais e suas proibições, suas concepções do mundo com as leis e os costumes, como a história demonstra ter ocorrido, em especial na China, segundo o filósofo.[58]

3.8.2. Crimes contra os costumes

A exposição de Montesquieu sobre quais seriam esses crimes é realizada de forma imprecisa e inconsistente. Por isso, seus comentadores ou não os indicam,[59] ou o fazem registrando a incerteza relativa aos crimes que seriam compreendidos nesta classe.[60]

O filósofo limita-se a dizer que se insere nesta classe a violação da continência pública ou particular, da forma como se deve usu-

---

57 BECCARIA, *Dei delitti e delle pene*, XXXIX, p. 64.

58 Cf. MONTESQUIEU, *De l´esprit des lois*, v. 1, XIX, 16, 17 e 18, p. 326-329.

59 Assim o faz GRAVEN, Jean. *Montesquieu et le droit penal*, p. 231, que se limita a expor as penas que devem ser prescritas, segundo Montesquieu.

60 Assim, cf. CATTANEO, Mario A. *Il liberalismo penale di Montesquieu*, p. 72.

fruir os prazeres que nos são dados pelo uso dos sentidos e pela união dos corpos.[61]

Os crimes que perturbam o exercício da religião, segundo Montesquieu, não se inserem nesse grupo, mas são da mesma natureza daqueles que lesam a segurança e a tranquilidade das pessoas e, por isso, devem ser remetidos a esta classe.

As penas a serem previstas para estes crimes, do mesmo modo, devem ser extraídas da natureza das coisas como, *e. g.*, as multas, a vergonha, a obrigação de se esconder, a infâmia pública, a expulsão da cidade, isto é, penas da jurisdição correcional.[62]

Segundo Cattaneo, esta classe de crimes compreende apenas as ofensas contra a moral sexual que, em face do princípio da secularização, não deveriam ser criminalizados, isto é, deveriam restar fora do Direito Penal.[63]

Interessante notar que o estupro e o rapto, segundo Montesquieu, não se incluem nessa classe de crimes por ofenderem também a segurança pública. São por ele inseridos na quarta espécie de crimes.[64]

3.8.3. Crimes contra a tranquilidade dos cidadãos

Tais crimes são aqueles que violam a tranquilidade dos cidadãos. Montesquieu restringe esta classe aos delitos que encerram um simples dano à ordem. Os crimes que lesam a tranquilidade e, ao mesmo tempo, a segurança são insertos no último grupo.[65]

---

61 Cf. MONTESQUIEU, *De l'esprit des lois*, v. 1, XII, 6, p. 199.

62 Cf. MONTESQUIEU, *De l'esprit des lois*, v. 1, XII, capítulo 4, p. 199-200.

63 Cf. CATTANEO, Mario A. Il liberalismo penale di Montesquieu, p. 72.

64 Cf. MONTESQUIEU, De l'esprit des lois, v. 1, XII, capítulo 4, p. 200. Segundo BORGHERO, Carlo, L'ordine delle leggi e la natura delle cose nel libro XXVI dell'Esprit des lois,p. 193, neste capítulo Montesquieu "(...) mostra orrore nei confronti Del rogo cui erano condannati gli omosessuali".

65 Cf. MONTESQUIEU, *De l'esprit des lois*, v. 1, XII, 4, p. 200.

Para o filósofo, esses crimes são "uma simples lesão de polícia",[66] mas não especificou quais são os delitos que o integram.

Ao fim de serem compatíveis com a natureza das coisas, as sanções penais sugeridas pelo filósofo para estes crimes são, *e. g.*, a privação da liberdade, o exílio, as correções, dentre outras sanções que teriam como finalidade acalmar os espíritos inquietos e reestabelecer a ordem turbada.[67]

3.8.4. Crimes contra a segurança dos cidadãos e teoria retributiva da pena

Finalmente, ao tratar desta categoria de crimes, Montesquieu se detém muito mais sobre a natureza das penas que propriamente da indicação dos delitos nela compreendidos.

As penas por ele sugeridas seriam os suplícios, considerando serem eles extraídos da natureza das coisas, tiradas da razão e das fontes do bem e do mal: uma "espécie de talião".[68]

A sociedade deve retirar a segurança daquele que a destituiu dela. A pena dos crimes contra a segurança dos bens deve ser a perda desses mesmos bens, pois assim ela será conforme a natureza. Referindo-se claramente ao homicídio, sustenta que ao agente que o pratica ou tenta praticá-lo, deve ser aplicada a pena de morte, como "*le remede de la société malade*".[69]

66 Cf. MONTESQUIEU, *De l'esprit des lois*, v. 1, Livro XII, capítulo 4, p. 200, in verbis: "(...) une simple lésion de police"

67 Cf. MONTESQUIEU, *De l'esprit des lois*, v. 1, Livro XII, capítulo 4, p. 200.

68 Cf. MONTESQUIEU, *De l'esprit des lois*, v. 1, XII, 4, p. 200.

69 Cf. MONTESQUIEU, *De l'esprit des lois*, v. 1, XII, 4, p. 200. Sobre o ponto, cf. GRAVEN, Jean. *Montesquieu et le droit penal*, p. 231 e CATTANEO, Mario M. *Il liberalismo penale di Montesquieu*, p. 73.

Lamentavelmente, com esta fundamentação, legitimou a pena de morte para esses crimes, cuja abolição foi posteriormente defendida por Beccaria.[70]

Interessante notar que Montesquieu fez referências à lei do talião, afirmando ser ela recorrente nos Estados despóticos e apenas algumas vezes adotada nos Estados moderados.[71]

O filósofo também justifica a pena de morte ao criticar a origem do direito de escravidão em Roma. Para Montesquieu, a lei que pune um homicida com a pena de morte é lícita, teria sido feita em seu favor, pois teria sido esta mesma lei a proteger sua vida:

> "o que faz com que a morte de um criminoso seja uma coisa lícita, é que a lei que o pune foi feita em seu favor. Um assassino, por exemplo, gozou da lei que o condena; ela conservou sua vida em todos os instantes, ele não pode reclamar contra ela. Não acontece o mesmo com o escravo: a lei do escravo nunca lhe pode ser útil; ela é em todos os casos contra ele, sem jamais ser por ele: o que é contrário ao princípio fundamental de todas as sociedades".[72]

Os intérpretes de Montesquieu apresentam posições diferenciadas, quanto ao tema.

Cattaneo diz ter sido esta a única passagem em toda a sua obra na qual se encontra referência à teoria retributiva da pena.[73]

---

70 Cf. *Dei delitti e delle pene*, XXVIII, p. 47-51.

71 Cf. item 3.5, *retro*.

72 MONTESQUIEU, *De l´esprit des lois*, v. 1, XV, 2, p. 256, in verbis: "Ce qui fait que la mort d'un criminel est une chose licite, c´est que la loi qui le punit a été faite en sa faveur. Un meurtrier, par exemple, a joui de la loi qui le condamne; elle lui a conservé la vie à tous les instants, il ne peut donc pas réclamer contre elle. Il n'en est pas de même de l'esclave: la loi de l'esclave n'a jamais pu lui être utile; elle est dans tous le cas contre lui, sans jamais être pour lui: ce qui est contraire au príncipe fondamental de toutes les societés."

73 Assim, cf. CATTANEO, Mario M. *Il liberalismo penale di Montesquieu*, p. 74. Por sua vez, Jean Graven, *Montesquieu e le droit penal*, p. 232, penalis-

Para Tarello,

> "a propósito dos estados moderados, Montesquieu introduz a conveniência do critério da proporcionalidade: um critério sem dúvida fundado sobre a concepção da pena como retribuição que, no entanto, é também justificado sobre a base do critério da utilidade, enquanto a mesma punição por um crime mais grave e por um menos grave torna impune (...) a prática do crime mais grave por parte de quem o cometeu ou de qualquer forma pretenda cometer um crime menos grave".[74]

No direito brasileiro, Dal Ri Júnior, ao tratar do crime político, reconhece que,

> "(...) a contribuição oferecida por Montesquieu apresenta características do discurso iluminista. Entre estas, a defesa da superioridade da prevenção, da necessidade de melhor proporcionar as penas e da utilização da pena de morte somente em hipóteses restritas".[75]

---

ta francês que interpretou com maior profundidade os temas penais em Montesquieu, limita-se a citar o trecho relativo à pena de morte, sem tecer considerações. Ao invés, diz apenas, após a citação: *"Mais le penes ne doivent pas uniquement êtres justes, elles doivent être modérées, elles ne doivent pas être excessives dans leur principe"*.

74 TARELLO, Giovanni. Montesquieu criminalista. In: *Materiali per uma storia della cultura giuridica*. Bologna: Il Mulino, 1975, p. 243, in verbis: "a proposito degli stati moderati, Montesquieu introduce la convenienza del criterio proporzionalistico: um criterio indubbiamente fondato sulla concezione della pena come retribuzione, che però viene anche giustificato sulla base del critério di utilità (appena adombrato), in quanto la stessa punizione per un reato più grave da parte di chi ha commesso o comunque intenda commettere il meno grave."

75 DAL RI JUNIOR, Arno. *Entre lesa-majestade e lesa-república*. A transfiguração do crime político no iluminismo. *Revista Sequência*. Florianópolis, dez.-2005, nº 51.

Na Itália, Cattaneo nos lembra que

> "em relação ao problema da pena de morte, Montesquieu segue a mesma linha de outros filósofos e juristas, cujo pensamento está na base do moderno Estado de Direito".[76]

Por tudo isso, é preciso reconhecer que Montesquieu apenas referiu-se à lei do talião e, quanto à pena de morte, limitou-se a defender que fosse reduzido o âmbito de sua aplicação. É importante reafirmar que em momento algum a defendeu com ardor.

Em toda sua obra, o filósofo preocupou-se muito mais em escrever contra a severidade das penas e em afirmar, num só tempo, a necessidade de sua proporcionalidade, humanização e mitigação.

Insista-se, ideias realmente progressistas para o seu tempo.

3.9 A magia, a heresia e o crime contra a natureza

Outros crimes são tratados, ainda que sucintamente, por Montesquieu.

Na doutrina penal de Montesquieu, o juiz deve ser vinculado à lei, para que seja garantida a certeza do direito.

Mas tal vinculação é insuficiente, pois a certeza do direito impõe que o legislador realize uma formulação clara e taxativa das leis penais. Em diversas passagens do *Espírito das leis*, implícita ou explicitamente, tais assertivas são consideradas.[77]

Por isso, Montesquieu nos fala do perigo para a certeza do direito em certos "crimes" característicos do *Ancien régime*, tais como a magia, a heresia, e o crime contra a natureza.

---

76 CATTANEO, Mario A., *Il liberalismo penale di Montesquieu*, p. 76, in verbis: "In rapporto al problema della pena di morte, Montesquieu è sulla linea di altri filosofi e giuristi, il cui pensiero sta pure alla base del moderno Stato di diritto, quali Kant e Feuerbach."

77 Sobre o ponto, cf. item 3.4, *retro*.

Uma vez que tais "crimes" não recaem sobre a conduta posta no mundo exterior, mas sobre as ideias de uma pessoa, a cautela na sua persecução deve ser absoluta, pois eles dão lugar à opressão própria das tiranias, "se o legislador não souber limitá-la".[78]

Mais uma vez, está presente o tema da certeza do direito. Afirma Montesquieu, em relação aos dois primeiros crimes, ser possível provar que a magia não existe e que a heresia pode se apresentar dos mais diversos modos, de maneira a ter uma profusão de interpretações e distinções.

Os crimes contra a natureza são considerados por Montesquieu como "obscuros",[79] por serem crimes que se praticam de forma encoberta, às escondidas, o que leva os legisladores a puni-los com base no testemunho de uma criança ou de um escravo, o que significa dar ensejo ao crime de calúnia. E todos eles são punidos com a pena do fogo, sem dúvida, cruel.

A solução para o crime de heresia é clara no pensamento de Montesquieu: "Não estou dizendo aqui que não se deve punir a heresia; estou dizendo que é necessário ser muito circunspecto para punir".[80]

Ainda assim, um dos mais autorizados intérpretes de Montesquieu em matéria penal diz que aí reside implicitamente a ideia segundo a qual inexistente é o crime de magia, bem como que os dois crimes restantes não devem ter relevo para fins de punição.[81]

A nosso ver, ao tratar dessas violações, mesmo havendo a ressalva relativa à heresia, o filósofo não foi suficientemente claro, o que torna possível, cotejando essas passagens com a sua obra *in totum*, chegar à mesma conclusão de seus intérpretes.

---

78 *De l'esprit des lois,* v. 1, XII, 5, p. 201.

79 *De l'esprit des lois,* v. 1, XII, 6, p. 202-203.

80 *De l'esprit des lois*, v. 1, XII, 5, p. 202, in verbis: "Je ne point dit ici qu´il ne fallait point punir l'eresie; je dis qu'il faut être três circonspect à la punir."

81 CATTANEO, Mario A. *Il liberalismo penale di Montesquieu*, p. 78.

3.10 Crime de lesa-majestade e liberdade de pensamento

Montesquieu se deteve no estudo do crime de lesa majestade, contextualizado em seu tempo. Nesta matéria, sua contribuição se concretizou em dois grandes pilares do direito nos Estados Democráticos contemporâneos, como o são o Direito Penal prevalentemente baseado sobre fato e a descriminalização dos crimes de opinião.

Em virtude dos princípios que norteiam o *Espírito das leis*, que se volta contra a elaboração vaga e indeterminada das leis penais ao definirem esses crimes e, de consequência da punição indiscriminada das mais diversas ações como *lése-majesté* naquele preciso momento histórico, Montesquieu os combateu duramente.

Restringiu ao máximo sua noção. Segundo o filósofo, é suficiente que o crime de lesa- majestade seja de definição vaga e imprecisa para que qualquer governo se torne despótico.[82]

O nobre francês também criticou severamente uma lei de seu tempo que considerava crime de lesa-majestade atentados aos ministros e oficiais do príncipe, sempre com a finalidade de delimitar esses crimes.

Teria sido com base nesta lei o relatório realizado com o intuito de condenar o senhor *Cinq-Mars* por crime de *lèse-majesté*, que ao pretender expulsar o cardeal de Richelieu dos negócios teria afirmado:

> "O crime que diz respeito à pessoa dos ministros dos príncipes é considerado, pelas constituições dos imperadores, de peso igual àquele relativo à sua pessoa. Um ministro serve bem a seu prín-

82 Cf. MONTESQUIEU, *De l'esprit des lois*, v. 1, XII, 7, p. 203.

cipe e seu Estado; é retirado dos dois; é como se o privassem, o primeiro de um braço, e o segundo de uma parte de seu poder".[83]

Também era considerado por ele um "abuso violento" dar essa denominação *"a une action qui ne l'est pas"*,[84] tais como pensamentos e sonhos.

A propósito, Montesquieu narra um fato por ele julgado tirânico, porque não fora nem mesmo tentado. Um homem de nome Marcyas sonhou que cortava o pescoço de Dionísio. Dionísio mandou matá-lo, sob a assertiva de que se não tivesse pensado neste fato durante o dia, não teria sonhado com ele, à noite. Conclui Montesquieu que as leis se "encarregam de punir apenas as ações exteriores".[85]

Neste fragmento, Montesquieu se refere, de forma mais contundente, a um dos princípios basilares do Direito Penal nos Estados Democráticos contemporâneos: a sanção penal deve recair sobre o fato praticado pelo agente e não sobre intenções, ideias.

No Direito Penal, o crime é um fato material, um acontecimento no mundo exterior. Assim, restam impunes a mera vontade, os desejos, as intenções apenas declaradas, os sentimentos, o modo de ser ou o caráter da pessoa, ou ainda um estado de periculosidade, individual ou social.

O princípio de materialidade do crime no Direito Penal contemporâneo é normalmente expresso pela máxima de Ulpiano *co-*

---

83 MONTESQUIEU, *De l'esprit des lois*, v. 1, XII, 8, p. 204, in verbis: "Le crime qui touche la personne des ministres des princes est reputé, par les constitutions des empereurs, de pareil poids que celui que touche leur personne. Un ministre sert bien son Prince e son État; on l'otê à tous les deux; c'est comme si l'on privait le premier d'un bras, et le second d'une partie de sa puissance."

84 Cf. MONTESQUIEU, *De l'esprit des lois*, v. 1, XII, 8, p. 204.

85 Cf. MONTESQUIEU, *De l'esprit des lois*, v. 1, XII, 9, p. 206, in verbis: "Les lois ne se chargent de punir que les actions extérieures". Sobre o ponto, cf. FERRAJOLI, Luigi. Diritto e ragione, p. 485.

gitationis poenam nemo patitur ou com o axioma *nulla poena sine crimine*, ou ainda com a locução *nullum crimen sine actione*: o fato é o primeiro e imprescindível pilar de qualquer juízo que se possa fazer no âmbito criminal.[86]

Montesquieu criticou as leis penais daquele período mencionando interessante exemplo de uma lei inglesa existente ao tempo de Henrique VIII, que punia por alta traição quem porventura predissesse a morte do rei. Relata que Henrique VIII ficou gravemente enfermo, mas, devido à severidade destas leis, os médicos nem mesmo tiveram a coragem de dizer que ele estava em perigo.[87]

O filósofo ainda questionou e demonstrou o despropósito de tornar palavras indiscretas, escritos e discursos em crimes de lesa-majestade.

As palavras indiscretas e discursos sempre podem ser submetidos à interpretação e, por isso, não devem ser submetidos à pena capital:

> "As palavras não formam um corpo de delito; elas ficam apenas na ideia. A maior parte das vezes elas não significam por si mesmas, mas pelo tom pelo qual são ditas. Frequentemente, redigindo as mesmas palavras, não se dá a elas o mesmo sentido,

---

86 Sobre a erosão da certeza do direito, bem como o Direito Penal de autor ao qual conduzem a inobservância de tal princípio nos totalitarismos penais do século passado - direito penal socialista e o direito penal no nacional socialismo alemão - cf. BETTIOL, Giuseppe. A propósito di diritto penale socialista. *In: Scritti di diritto penale.* Padova: Cedam, 1966, v. 2, p. 708-712 e, no mesmo livro, *Aspetti politici del diritto penale contemporâneo*, p. 783-828; MANTOVANI, Ferrando. *Diritto penale;* parte generale. 6ª. Ed., Padova: Cedam, 2009, p. XXXVII-LX; OÑATE, Flavio Lopes de. *La certezza del diritto.* A/c de Guido Astulti. Milano: Giuffrè, 1968, p. 81-89. Sobre as tendências autoritárias em geral e sobre a orientação dogmática denominada direito penal do inimigo na contemporaneidade, cf. AA.VV. *Democrazia e autoritarismo nel diritto penale.* A\c de Alfonso M. Stile. Napoli: ESI, 2011, passim.

87 Cf. MONTESQUIEU, *De l'esprit des lois*, v. 1, XII, 10, p. 206.

> que depende da ligação que elas possuem com outras coisas. Às vezes, o silêncio exprime mais que todos os discursos... Como, então, fazer delas um crime de lesa-majestade?"[88]

Para mitigar o despotismo, diz o filósofo que uma punição correcional será mais adequada que uma imputação por crime de lesa-majestade,[89] cuja pena era sempre atroz.

Quanto aos escritos satíricos, eles são quase desconhecidos nos Estados despóticos em virtude da ignorância e de outros fatores. Nas democracias, eles são permitidos.

Nas monarquias, diz Montesquieu serem eles proibidos. Os escritos satíricos são vistos como um caso de polícia, mas não são considerados crimes.[90] O governo aristocrático é o que menos suporta as obras satíricas. Os decêmviros castigavam com a pena de morte os escritos satíricos.

Ao tratar a matéria, Montesquieu nada mais fez que postular a liberdade de pensamento, de expressão e de crítica às instituições e ao poder político de seu tempo,[91] conaturais ao Estado Democrático.

---

88 MONTESQUIEU, *De l'esprit des lois*, v.1, XII, 12, p. 207, in verbis: "Les paroles ne forment point un corps de délit; elles n restent que dans l'idée. La plupart du temps elles ne signifient point par elles-même, mais par Le ton dont on les dit. Souvent, en redisant les mêmes paroles, on ne rend pas le même sens, ce sens dépend de la liason qu'elles ont avec d'autres choses. Quelquefois le silence exprime plus que tous les discours. Il n'y a rien de si equivoque que tout cela. Commant donc en faire un crime de lese-majesté?"

89 Cf. MONTESQUIEU, *De l'esprit des lois*, v.1, XII, 12, p. 207, in verbis: "mais je dirai bien que, si l'on veut moderer le despotisme, une simple punition correctionelle conviendra miex dans ces occasion, qu'une accusation de lese-majesté toujours terrible à l'innocence même."

90 MONTESQUIEU, *De l'esprit des lois*, v. 1, XII, capítulo 13, p. 208.

91 Neste sentido cf. TARELLO, Giovani. *Montesquieu criminalista*, p. 258; CATTANEO, Mário A., *Il liberalismo penale di Montesquieu*, p. 78. Sobre o crime de lesa majestade no pensamento de Montesquieu, no direito brasi-

Nos crimes de lesa-majestade, Montesquieu afirma ser melhor perdoar do que punir, deixar os bens ao acusado, ao invés de confiscá-los. Exilar pouco, ao invés de fazê-lo frequentemente. Insurgiu-se, pois, contra o confisco de bens e o exílio.

Deve-se fazer tudo o que for necessário para que se torne à normalidade, "onde as leis protegem todos e não se armem contra as pessoas".[92]

Ao punir os crimes de lesa-majestade, a república deve ser rápida para cumprir as penas, colocando fim nas vinganças e nas recompensas.

3.11 Violação do pudor na execução das penas: o princípio da humanidade na execução penal

Montesquieu não se limitou a escrever sobre as sanções penais. Falou também sobre o princípio da humanidade no momento de sua execução.

O filósofo afirma a existência de regras de pudor observadas na execução das penas em quase todos os países do mundo. Seria absurdo violá-las ao punirem-se os crimes, pois ela deve ter sempre como objetivo o restabelecimento da ordem.

Por isso denuncia e condena a prática da violação do pudor na execução das penas, em alguns países do mundo, *e. g.*, o Japão e os romanos, no governo de Tibério.

No governo de Tibério, narra Montesquieu, um costume dos romanos proibia matar as jovens que não fossem virgens:

---

leiro, cf. DAL RI JÚNIOR, Arno. Entre lesa-majestade e lesa-república. A transfiguração do crime político no Iluminismo, *In: Revista Sequência*, v. 51, p. 113-114.

92 MONTESQUIEU, *De l'esprit des lois*, v.1, XII, capítulo 18, p. 212.

> "Tibério encontra o expediente de fazer com que elas fossem violadas pelo carrasco, antes de enviá-las ao suplício. Tirano sutil e cruel, ele destruía a moral para conservar os costumes".[93]

A magistratura japonesa colocou em praça pública mulheres nuas, constrangendo-as a andar como os animais fazendo, assim, com que o pudor estremecesse, prossegue Montesquieu: "mas quando quis obrigar uma mãe...; quis constranger um filho...; não consigo terminar, ela fez estremecer a própria natureza".[94]

Neste fragmento impregnado de subjetivismo, em que o filósofo fala de seus próprios sentimentos, quem nos fala uma vez mais é o *Montesquieu humanista.* A propósito, há muito foi reconhecido o humanismo que permeia toda a obra de Montesquieu: "humanismo no método, nos fins, nas ideias diretrizes".[95]

O filósofo pronuncia-se não apenas em favor da mitigação das sanções penais e do princípio da humanidade das penas que ele estende, também, à execução penal. Montesquieu se pronuncia, ainda, sobre a humilhação a que eram submetidos os condenados no momento da execução, com inequívoca referência ao princípio da dignidade da pessoa humana, tão caro às Constituições contemporâneas nos Estados Democráticos.

---

93 MONTESQUIEU, *De l'esprit des lois*, v. 1, XII, capítulo 14, p. 209, in verbis: "Un ancien usage des romains défendait de fair mourir les filles qui n'étaient pas nubiles. Tibère trouva l'expédient de les faire violer par le bourreau avant de les envoyer au supplice; tyran subtil et cruel, il détruisait le moeurs pour conserver les coutumes."

94 MONTESQUIEU, *De l'esprit des lois*, v. 1, XII, 14, p. 210, in verbis: "(...) mais lorsqu'elle a voulu contraindre une mére...; lorsqu'elle a voulu contraindre um fils..., je ne puis achever, elle a fait fremir la nature même".

95 BARRIÈRE, Paul, *L'umanisme de l'Esprit des lois*, p. 113. Também CATTANEO, Mario A. *Il liberalismo penale di Montesquieu*, p. 87 relaciona o humanismo ao jusnaturalismo: "il giusnaturalismo como umanesimo, appunto, come dottrina fondatta sul principio della dignità umana, al di là di molte sterili controversie sulla natura di questo tipo di filosofia giuridica. L'umanesimo di Montesquieu si palesa in modo molto chiaro próprio in riferimento al tema del diritto penale."

Montesquieu despertou a atenção para o problema moral da humanização no momento da execução das penas, num período histórico no qual os homens permaneciam insensíveis diante desses fatos. De forma implícita, uma vez mais, combate o simbolismo das sanções penais e de sua execução.

4
À GUISA DE CONCLUSÃO

Em interessante escrito sobre a humanização do Direito Penal, Bettiol afirma que o tema não é técnico jurídico, mas que pertence à metafísica do Direito Penal, à Filosofia.[1]

Barriére, ao tratar do humanismo de Montesquieu, considera que ele se estende a todas as instituições, a todos os aspectos da vida da pessoa e ao exercício de sua liberdade, bem como à doutrina penal do filósofo.[2]

Por isso, seguramente, em matéria criminal, a obra de Montesquieu figura dentre os mais preciosos títulos para a filosofia do Direito Penal, em especial para o reconhecimento da dignidade da pessoa humana: sua obra "é uma obra humanista".[3]

Ao inserir na doutrina penal as ideias de liberdade política, certeza do direito e segurança jurídica, secularização e laicidade do Direito Penal, humanização das penas e sua execução e do Direito Penal compreendido como *ultima ratio*, foi um dos primeiros filósofos a impregnar todo o seu pensamento com a ideia de dignidade humana, construindo sobre ela o liberalismo penal de seu tempo.

Diversos são os méritos a serem atribuídos à sua obra e inumeráveis foram suas contribuições ao Direito Penal.

---

1 Sull'umanizzazione del diritto penale, *In: Scritti di diritto penale*, v. 2, p. 740.

2 BARRIÈRE, Paul. L'humanisme de l'esprit des lois, p. 112-113.

3 BARRIÈRE, Paul. L'humanisme de l'esprit des lois, p. 98-99.

Porém, destacamos, à guisa de conclusão, algumas delas. Selecionamos aquelas que formam a parte mais substanciosa da doutrina de Montesquieu examinadas neste escrito, que o caracterizam como um filósofo penal humanista, e que tornam sua doutrina penal precursora do direito penal liberal.

- O conteúdo das leis e, de consequência, das leis penais deve ser caracterizado pela concisão, pela clareza; elas devem ser equitativas e humanas.

- A mitigação e a suavidade deveriam caracterizar as sanções penais, em lugar da crueldade e do simbolismo das penas de sua época.

- A ideia de proporcionalidade entre os crimes e suas sanções deve nortear o Direito Penal.

- A ideia de humanidade das penas deve estender-se, também, à fase de sua execução.

- Pela primeira vez, em matéria criminal, referiu-se à impunidade como fator criminógeno.

- Estabeleceu uma classificação dos crimes e sua hierarquização.

- Defendeu a secularização e a laicidade do Direito Penal.

- Insurgiu-se contra a tortura, o duelo e postulou a redução máxima da aplicação da pena de morte.

- Introduziu no Direito Penal a ideia de tolerância e liberdade de opinião.

- Impôs restrições aos crimes de lesa-majestade.

- Postulou o rigoroso respeito pela certeza do direito e, repudiando o arbítrio, elaborou o critério de submissão do juiz à lei.

Portanto, há que se reconhecer que a elaboração de Montesquieu é caracterizada pelo liberalismo, sedimentada sobre o humanismo.

A contribuição de Montesquieu ao Direito Penal torna sua obra de consulta obrigatória àqueles que se dedicam ao estudo e à aplicação do Direito Criminal, assim como foram consultadas e estudadas por Beccaria e Voltaire.

Liberdade *versus* arbítrio, humanismo *versus* crueldade e o triunfo da liberdade sobre a força caracterizam a doutrina penal liberal de Montesquieu.

5
REFERÊNCIAS

ABBAGNANO, Nicola. *Storia della filosofia:* la filosofia moderna: dal rinascimento all'iluminismo. Torino: UTET, 2011, v. 2.

_____. *Dizionario di filosofia.* 3ª. Ed., Torino: UTET, 2009.

ALTHOUSER, Louis. *Montesquieu la politique e l'histoire.* 3ª. ed., Paris: PUF, 1959.

AA.VV. *La pensée politique e constitutionnelle de Montesquieu.* Paris: Recueil Sirey, 1952.

AA.VV. *Democrazia e autoritarismo nel diritto penale.* A\c de Alfonso M. Stile. Napoli: ESI, 2011.

AA.VV. *Leggere l'Esprit des Lois:* società e storia nel pensiero di Montesquieu. A/c D. Felice. Napoli: Liguori, 1998, v. 1.

AA.VV. *Montesquieu e i suoi interpreti.* A/c de Domenico Felice. Pisa: ETs, 2005, v. 1.

AA.VV. *Politica, economia e diritto nell'**Esprit de lois** du Montesquieu.* A/c de Domenico Felice. Bologna: Clueb, 2009.

ARENDT, Hannah. *A condição humana.* Trad. Roberto Raposo. 9ª. ed., Rio de Janeiro: Forense Universitária, 1999,

BECCARIA, Cesare. *Dei delitti e delle pene;* e commento di Voltaire. Roma: Newton Compton, 1994.

BARRIÉRE, Pierre. L' humanisme de l'Esprit des lois. *In: La pensée politique e constitutionnelle de Montesquieu.* Toulouse: Recueil Sirey, 1952, p. 97-115.

BETTIOL, Giuseppe. A propósito di diritto penale socialista. *In: Scritti di diritto penale.* Padova: Cedam, 1966, v. 2, p. 708-712.

_____. Aspetti politici del diritto penale contemporâneo. *In: Scritti di diritto penale.* Padova: Cedam, 1966, v. 2, p. 783-828.

_____. Sull'umanizzazione del diritto penale. *In: Scritti di diritto penale.* Padova: Cedam, 1966, v. 2, p.739-752.

BORGERO, Carlo. L'ordine delle leggi e la natura delle cose nel libro XXVI dell'esprit des lois. *In:* AA.VV., *Politica, economia e diritto nell'**Esprit de lois** du Montesquieu.* A/c de Domenico Felice. Bologna: Clueb, 2009, p. 167-210.

CASSIN, René. Montesquieu et les droits de l'homme. *In:* AA.VV. *La pensée politique e constitutionnelle de Montesquieu.* Paris: Recueil Sirey, 1952, p.183-190.

CATTANEO, Mario A. *Il liberalismo penale di Montesquieu.* Napoli: Edizioni Scientifiche italiane, 2000.

_____. l´umanizzazione del diritto penale tra Montesquieu e Beccaria. *In: Montesquieu e i suoi interpreti.* Pisa: ETs, 2005, v. 1, p. 131-158.

CHEVALIER, Jean-Jacques. *Le grandi opere del pensiero politico.* Trad. Daniela Barbagli. Bologna: Il Mulino, 2011.

COTTA, Sergio. *Montesquieu e la scienza della società.* Torino: Giappichelli, 1953.

DAL RI JUNIOR, Arno. *Entre lesa-majestade e lesa-república.* A transfiguração do crime político no iluminismo. *Revista Sequência.* Florianópolis, dez.- 2005, n. 51,107-140.

DERATHÉ, Robert. Le droit de punir chez Montesquieu. *In: Atti del convegno Internazionale su Cesare Beccaria.* Torino: Accademia delle Scienze, 1965, p. 85-100.

FELICE, Domenico. Una forma naturale e mostruosa di governo: Il dispotismo nell'Esprit des lois. *In: Leggere l'esprit des lois.* A/c D. Felice. Napoli: Liguori, 1998, v. 1, p. 9-102.

FERRAJOLI, Luigi. *Diritto e ragione;* teoria del garantismo penale. Bari: Laterza, 1990.

FIANDACA, Giovanni e MUSCO, Enzo. *Diritto penale*; parte generale. 5ª. ed., Torino: Giappichelli, 2011.

GRAVEN, Jean. Montesquieu et le droit penal. *In: La pensée politique et constitutionnelle de Montesquieu;* Bicentenaire de l'esprit des lois – 1748-1948. Toulouse: Recueil Sirey, 1952, p. 209-254.

GRENIEU, Abel. Introdução: Montesquieu. *In: Cartas Persas.* Trad. De Mário Barreto. Belo Horizonte:Itatiaia, 1960, p. 7-27.

KANT, Immanuel e FOUCAULT, Michel. *Kant, Foucault;* che cos'è l'illuminismo? Milano: Mimesis, 2012.

LATAGLIATA, Angelo Raffaele. Considerazioni sul concetto di discrezionalità del giudice penale. *In: Rivista trimestrale della scuola di perfezionamento delle forze di polizia.* Roma: IPZS, 1988, jan.-mar\1988, v. 1, p. 33-58.

MANTOVANI, Ferrando. *Diritto penale;* parte generale. 6ª. ed., Padova: Cedam, 2009.

MONTESQUIEU, Charles de Secondat. *De l'esprit des lois.* Paris: Garnier Frères, 1949, v. 1 e 2.

_____. *Lettres persanes.* Rotolito Lombarda: Larrousse, 2006.

_____. *Saggio sulle cause che possono agire sugli spiriti e sui caratteri.* A/c de Domenico Felice. Pisa: Edizioni ETs, 2004.

_____. *Cartas persas.* Trad. Mario Barreto. Belo Horizonte: Itatiaia, 1960.

OÑATE, Flavio Lopes de. *La certezza del diritto.* A/c de Guido Astulti. Milano: Giuffrè, 1968.

RAMACCI, Fabrizio. *Corso di diritto penale.* 5ª. Ed., Torino: Giappichelli, 2013.

ROMANO, Mario. Principio di laicità dello Stato, religioni e norme penali. *In: Rivista italiana di diritto e procedura penale.* Milano: Giuffrè, 2007, p. 470-492.

SALGADO, Joaquim Carlos. *A idéia de justiça no mundo contemporâneo;* fundamentação e aplicação do direito como *máximum* ético. Belo Horizonte: Del Rey, 2006.

SCOTT, George Riley. *Storia delle punizioni corporali.* Trad. Silvia Denicolai. Milano: Mondadori, 2006.

TARELLO, Giovanni. Montesquieu criminalista. *In: Materiali per uma storia della cultura giuridica.* Bologna: Il Mulino, 1975, v. 5, p. 201-260.

TRUYOL Y SERRA, António. *Historia da filosofia do Direito e do Estado.* Trad. Henrique B. Ruas. Lousã: Tipografia Lousanense, 1990, v. 2.

VERRI, Pietro. *Osservazioni sulla tortura.* Roma: New Compton, 1994.

VOLTAIRE. *Commentario sullo 'Spirito delle legge'.* A/c Domenico Felici. Pisa: ETs, 2011.

_____. *O preço da justiça.* Trad. Ivone C. Benedetti. São Paulo: Martins Fontes, 2006.

_____. VOLTAIRE. Commento intorno al libro "Dei delitti e delle pene" (di Beccaria). *In:* BECCARIA. *Dei delitti e delle pene;* e commento di Voltaire. Roma: Newton Compton, 1994, p. 71-98.

Impresso por:
META SOLUTIONS
www.metasit.com.br